国際金融入門 新版

岩田規久男
Kikuo Iwata

岩波新書
1196

新版の刊行にあたって

本書の旧版が出版されたのは一九九五年四月二〇日であった。その前日の一九日は、一ドルが七九円七五銭まで低下し、円がドルに対してそれまでの史上最高値を記録した日であった。この最高値は二〇〇九年六月現在も破られていない。

それから、一四年がたち、国際金融の分野でいくつかの大きな変化がみられた。そこで、今回、そうした変化を考慮して旧版を改訂することにした。

第一の大きな変化は、旧版の出版から一年後に、大蔵省(当時。現在の財務省)が国際収支を改定したことである。この改定に即した修正が遅れたため、読者に長らくご迷惑をおかけすることになってしまった。今回の新版改訂で、ようやく改定版の国際収支を解説することができ、著者もほっとしているところである。

第二に、旧版出版以後、次のような国際金融に関わる事件が次々に発生した。すなわち、一九九九年一月一日に単一通貨ユーロが誕生し、東アジア、ロシア、ブラジル、アルゼンチンなどで通貨危機が頻発した。さらに、二〇〇八年九月に米国第四位の投資銀行リーマン・ブラザーズが破綻したのをきっかけに、世界的な金融危機が発生し、世界の国際金融市場が大混乱に陥った。

この新版では、改定された国際収支を説明すると共に、右に述べたような旧版出版以後に発生した国際金融に関わる重要な事件の背景と影響及び通貨危機を未然に防止する対策等を解説し、古くなったデータを新しいものに変えることとした。これらにより、新版はより時代にマッチしたものになったと考えている。

二〇〇九年七月

岩田規久男

旧版はしがき

急激、かつ、大幅な円高。為替レートはなぜ、ごく短期間に二〇％も三〇％も変動するのか。なぜ、一九七三年の変動相場制移行後の二〇年間で、円に対するドルの価値は半分以下になってしまったのか。そうした大幅な円高・ドル安にもかかわらず、日本の経常収支の黒字と米国の経常収支の赤字は、ともに一向に減少しないのはなぜか。こうした疑問に答えようとするのが、本書が扱う国際金融論である。

一九九三年のOECD二四カ国(日本、米国、ヨーロッパの主要国とオーストラリア、ニュージーランド及びメキシコ)のうち、経常収支が黒字の国は一一カ国であり、その黒字総額は二〇三六億ドルであったが、そのうち実に、六四・五％に相当する一三一四億ドルは日本の黒字であった。他の黒字国は日本の一割にも満たない一〇〇億ドル前後である。他方、残る一三カ国の赤字国の赤字総額は一九二一億ドルに達したが、そのうちの実に、五七％に相当する一〇九二億ドルは米国の赤字であった。

国際金融市場を通じて、経常収支の黒字国から赤字国へ資金が融通されること(この国際金融の原理は、本書で明らかにする)を思えば、国際金融市場で、資金の貸し手としての日本と借り手としての米国が占める、それぞれの地位の圧倒的な大きさに驚かされるであろう。この国際金融に占める日本の地位の大きさ一つをとってみても、私たちにとって、国際金融に関する理解を深めることには大きな意義があるといえる。

本書は、なぜ円高になるのかといった、一般の読者が特に興味があると思われる国際金融の諸問題を、国際金融の仕組みや経済学に関する基礎知識を前提とせずに、できるだけ分かりやすく、しかし程度は落とさずに、解説しようとしたものである。本書を読めば、新聞の経済記事や経済ニュース、さらに、経済雑誌の論文を不自由せずに理解できるようになるはずである。

国際金融を理解する上では、為替レートや国際収支の決定などを理論的に理解することが重要であるが、そのためには、複雑な国際金融の仕組みや、過去に採用された異なる国際通貨制度の歴史を理解することもまた重要である。読者には、国際金融の仕組みと用語を解説した第1章と第2章とをじっくり読んでいただきたい。第1章と第2章の正確な理解の上に立って、第3章以下を読まれれば、スムーズな理解が得られるはずである。国際金融の専門家を目指すのでない限り、国際金融の仕組みについては、本書程度の原理的なことを理解しておけば十分であり、歴史も退屈な饒舌は禁物である。

本書ではこれらの点に注意して、国際金融の理論、仕組み・制度、歴史の三つの素材をバランスよく組み合わせて、国際金融を料理したつもりであるが、料理の出来映えが合格であれば幸いである。

なお、本書は国内金融を扱った拙著『金融入門 新版』(岩波新書)の姉妹編として書かれたものである。本書と併せて『金融入門 新版』を読まれれば、読者の金融に関する理解は一層深まると考えられる。

最後になったが、原稿のワープロ処理等を手伝っていただいた著者の研究室の緑川智美さん、本書の企画と編集を、それぞれ担当された、岩波書店編集部の佐藤司氏と柿原寛氏に、深く感謝の意を表したい。

岩田規久男

目次

序章　安定的な国際金融を求めて

本書を執筆している二〇〇九年四月現在、世界は未曾有の同時不況の最中にある。この世界同時不況は、二〇〇八年九月に起きた米国第四位の投資銀行リーマン・ブラザーズの破綻をきっかけとする世界的な金融危機の勃発によって引き起こされたものである。

金融危機は国内金融の危機であるか国際金融の危機であるかを問わず、生産や雇用などの実体経済の大幅な悪化をもたらす。それは実体経済が信用の上に成り立っているからである。例えば、企業は生産や設備投資(機械などの耐久的生産物の購入)にあたって、銀行から借り入れたり、短期証券(コマーシャル・ペーパーなど)や長期証券(社債や株式など)を発行したりして資金を調達する。それは、一般に、企業は生産や設備投資にあたって必要な資金をすべて持っているわけではないからである。家計も住宅や自動車のような高額な買い物をするときには、銀行などからかなりの資金を借りるのが普通である。

このように家計や企業が資金を借り入れることができるのは、貸し手がその家計や企業の返済能力を信用しているからである。一方、株式は返済する必要のない資金調達手段であるが、株式発行が可能になるためには、投資家たちがその企業の収益力を信用していなければならない。

金融危機とは、多くの企業や家計や金融機関が信用を失って、資金を調達できなくなる状況、すなわち、極めて大きな信用収縮が起きる状況のことをいう。歴史的にみて、そうした極めて大きな信用収縮が起きる前には、極めて大きな信用膨張がみられるのが常である。〇八年秋口に起きた世界金融危機も例外ではない。例えば、世界金融危機の震源地である米国では、家計の可処分所得に対する負債の比率は、一九八六年の八〇％から二〇〇〇年には一〇〇％に上昇し、二〇〇七年には一四〇％に達した。サブプライム・ローン（米国における信用度の低い人たちへの住宅ローン）を担保とする証券の主要な投資家であった国際的なヘッジ・ファンド（私募の投資信託）に至っては、そのレバレッジ比率（投資した資産の元手に対する比率）は〇七年頃には六〇倍を超えていた。これは資金のうち九八・三％は借金で、元手（投資家たちがヘッジ・ファンドに拠出した資金）はわずか一・七％であることを意味する。

世界金融危機の発端は住宅価格が下落したため、サブプライム・ローンの債務不履行率が急激に上昇したことであった。この債務不履行の急上昇により、サブプライム・ローンを担保とする証券の価格は急落した。この価格急落によって、サブプライム・ローン関連証券に大量に投資していたヘッジ・ファンドや投資銀行などの金融機関の返済能力は著しく低下した。そのため、それらの金融機関に資金を供給していた貸し手は借り換えを認めず、一斉に返済を迫るようになった。ヘッジ・ファンドや投資銀行の借金は膨大だったから、借金の返済のためには、サブプライム・ローン関連証券だけでなく、優良な債券や株式も売らなければならなかった。

そのため、世界中で証券が売られて、その価格は暴落したのである。

銀行をはじめとする金融機関はこうした資産価格の暴落によって損失が拡大したため、信用リスク（貸した資金が返済されないリスク）をとることができなくなった。そのため、借金を抱えた米国の家計は新たに借金をするどころか、借金の返済を求められるようになった。これにより、それまでローンで購入されてきた住宅や自動車をはじめとする耐久消費財の売れ行きが急減し、米国は厳しい景気後退に陥ったのである。

米国発の金融危機はたちまち世界に拡大した。とくに、ヨーロッパの金融機関はサブプライム・ローン関連証券に大量の資金を投じていたから、その損失も大きく、信用を失って資金調達難に陥り、ドル資金をほとんど調達できない状況にまで追い込まれた。

金融危機の震源地は米国であったが、世界金融危機の最中にあって最も信用の厚かった証券は米国の財務省証券であった。すなわち、世界の多くの投資家が米ドル建て以外の通貨建て証券を売って、米ドル建ての米国財務省証券に乗り換えようとしたのである。その結果、円以外のポンドやユーロをはじめとする各国通貨の対米ドル相場は大きく下落した。これにより、米ドル建てで資金を借りていた米国以外の国の借り手は窮地に陥った。それは高騰した米ドルを買って、借金を返済しなければならなくなったからである。

米ドル以外の通貨が下落する中、円相場は上昇した。それは世界金融危機が起きる前に、世界の投資家が金利の低い円を借りて、円以外の通貨建て証券に運用していたからである。世界金融危機でリスクをとれなくなった投資家たちは一斉にそれらの証券を売って、その資金で円を買って、借りた円を返済しようとした。このようにして、円買いが増えたために、円高になったのである。

他方、中欧や東欧諸国へユーロ建てで貸し付けていた西ヨーロッパ諸国の投資家もリスクをとれなくなって、一斉に中欧・東欧から資金を引き上げた。そのため、中欧・東欧の通貨の対ユーロ相場は暴落し、ユーロ建てで借りていた中欧・東欧諸国の借り手も借金の返済に窮し、厳しい信用収縮に直面することになった。

ところで、一九九七年から九八年にかけて起きたアジア通貨危機とロシア通貨危機以降、二〇〇七年に世界金融危機が起きるまでは、各国の為替相場は歴史的にみて安定し、それまで頻発した国際金融危機も起きなかったのである。この為替相場と国際金融の安定をもたらした主要な要因は、インフレ率の低位安定に成功した各国の金融政策であったと考えられる。しかし、その一方で、米国や英国などの家計や世界各国(とくに、米国とヨーロッパ諸国)の投資家や金融機関のレバレッジ比率が急上昇すると共に、米国や英国などでは住宅価格がファンダメンタルズ(経済の基礎的諸条件)では説明できないほど高騰していた。そのため、高騰した住宅価格が下落に転ずれば、急激な信用収縮が起き、国際金融危機が起きる確率が上昇しつつあったのである。

以下の章では、まず、国際金融の仕組みを説明した後で、右のような為替相場の乱高下や国際金融危機が起きる条件を理論的かつ歴史的に検証し、安定的な国際金融を構築するための制度的仕組みのあり方を検討しよう。

第1章　国際金融と外国為替

国際金融とは何か、それは私たちの生活とどう関わっているのか。本書では、こうした問題を八つの章にわたって説明してゆくが、この章では、国際金融と国内金融の違い、及び、国際金融において重要な役割を担う外国為替の仕組みについて説明し、国際金融を理解するための導入部としたい。

1　国際金融とは何か

交換・価値の貯蔵手段としての貨幣

私たちはモノやサービスを購入するとき「お金」を支払い、それらを売却するとき「お金」を受け取る。このようにモノやサービスとの交換に用いられる「お金」を、経済用語では**貨幣**または**通貨**と呼ぶ。交換手段(決済手段ともいう)である貨幣は、一万円札などの日本銀行券や一〇〇円などの硬貨、すなわち、現金だけではない。普通預金や当座預金などの銀行預金もまた交換手段として利用されており、これらも貨幣である。例えば私たちは小売店などで買い物をするとき、クレジット・カードを示し所定の書類にサインして買い物を済ますことが多くなっている。買い物代金は、後日買い物をした人の普通預金口座から引き落とされて、当該小売店の預金口座に振り込まれる。これによって買い物代金の決済は完了する。この場合には普通預金が**交換手段**として利用されている。このような交換手段として機能する預金を**預金通貨**と呼ぶ。この章の第2節で明らかにするように、国際金融において利用される決済手段は、ほとんどの場合、この預金通貨(中でもドル預金が中心)であって、現金は極めて稀にしか利用されない。

ところで、私たちはモノやサービスの売却代金として受け取った貨幣を直ちにモノやサービスの支出に向けずに、手元に現金として置いたり、銀行預金の形でしばらくの間保有したりして、将来のモノやサービスの購入に備えることが多い。貨幣を保有することによって、モノやサービスの購入の権利を将来に移転することができるわけである。このような貨幣の機能を**価値の貯蔵手段**という。

右のように、貨幣の重要な機能は交換手段と価値の貯蔵手段である。

貨幣の貸借としての金融

私たちは一方で、モノやサービスを売って貨幣を獲得し、他方で、貨幣でモノやサービスを購入している。例えば、働いて所得を得ることは、労働サービスを売って貨幣を獲得することに他ならない。モノやサービスを売る時点(すなわち収入が得られる時点)とモノやサービスの購入の時点(すなわち支出する時点)とが常に一致していれば、収入の時点で得た貨幣で支出を賄うことができる。しかし収入と支出の時点は必ずしも一致せず、しばしば収入が得られる前に支出しなければならないことが起きる。このように収入に先立って支出しなければならない場合、交換手段である貨幣を何らかの形で調達しなければならない。このような支出が収入を超える経済主体を**赤字主体**という。

赤字主体が貨幣を調達する方法は大きく二つに分けられる。その一つは、あらかじめ貨幣を貯めておいて、その貨幣で支出を賄う方法である。具体的には、預金を引き出して消費支出や住宅購入代金にあてることなどである。これは貨幣の価値の貯蔵手段としての機能を利用することに他ならず、**自己金融**と呼ばれる。

もう一つは、収入が支出を超えるために、さしあたり交換手段として使う必要のない貨幣を持っている経済主体(これを**黒字主体**という)から、貨幣を借りる方法である。具体的には、マイホーム・ローンを借りて住宅を購入することなどをいう。マイホーム・ローンの資金源は黒字主体の預金であるから、これは黒字主体から赤字主体への資金の融通に他ならない。これは貨幣の貸借取引であるが、その場合の貨幣は資金と呼ばれる。そこで、貨幣の貸借取引を**資金の貸借取引**ともいう。

資金の貸借取引は、「お金」、すなわち、貨幣を融通し合うという意味で、金融の重要な側面である。この意味での金融が存在しなければ、家計や企業は支出を常に収入に一致させなければならなくなり、交換取引は縮小してしまう。

貨幣の貸借取引は、貨幣の借り手からみれば一定期間の支出を賄うために貨幣を借りることであるが、貨幣の貸し手からみれば一定期間貨幣を貸して利子収入などを得ることである。右のような一定期間という時間的な長さをもった概念を**フロー**という。したがって、黒字主体と赤字主体による貨幣の貸借取引はフローの側面からみた金融である。

ストックの取引としての金融

それに対して、家計や企業などの経済主体は、ある時点において保有している貨幣を貨幣以外の金融資産(債券や株式や投資信託など)や不動産に変えたりすることがある。ある時点という時間的な長さのない概念を**ストック**と呼ぶので、これを**ストックの金融取引**(またはストックの金融)という。ストックの金融取引においては、経済主体は保有している資産の残高を増やしたり減らしたりすることはできない。この取引においては、保有している資産の構成が変わるだけである。

経済主体が資産の構成を変えようとするのは、保有している資産の流動性を消費支出や収益性との関係で適正な規模に変えようとするからである。**流動性**とは、決済手段である貨幣に変換することの容易さと確実さの程度を表す指標である。例えばある家計がある時点において保有している資産全体の流動性が、消費支出や資産の収益性に比べて大きすぎると考えれば、その家計は貨幣の一部を債券や投資信託や株式などに変えようとするであろう。これによって保有している資産全体の流動性は低下するが、資産保有から得られるかも知れない収益は増大する可能性がある。ただし、株式などは価格が変動するので必ずしも結果としてより大きな収益が得られるとは限らない。しかし家計はより大きな収益が得られることを期待して、貨幣という高い流動性を持った資産を手放す代わりに、株式などの価格が変動する資産を保有しようとするのである。この意味でストックの金融とは、保有資産の流動性と収益性を調整する取引である。

国内金融と国際金融の違い

右では、金融とは何かを説明したので、次に、国際金融とは何かを国内金融と比較しながら説明しよう。

(1) 国境を越える取引

フローの金融にせよ、ストックの金融にせよ、金融は貨幣の受け取り・支払いを伴う活動である。貨幣の取引される場所が国内に限定される場合を**国内金融**というのに対して、その場所が国境を越える場合を**国際金融**という。
国内金融には、内国為替決済制度など金融を円滑に進めるための制度が整備されているが、国際金融においては、国内金融にはないさまざまな制度が存在する。そこで、国際金融におけるさまざまな制度や仕組みを理解することが、国際金融論の課題の一つになる。具体的には、貿易金融、直物・先物為替、為替予約など、外国為替取引の仕組みを理解するということである。本書では、これらについてはこの章と第2章及び第6章で説明する。

（2）異なる貨幣の交換の側面

国際金融においては国内金融と違って、異なる貨幣（通貨）が交換される場合が多い。日本国内では日本銀行券（一万円札や五千円札など）と百円玉のような硬貨から構成される現金と、円で表示された預金通貨（これを円預金という）が、交換手段として機能する貨幣である。それに対して米国ではUSドルで表示された現金と預金（以下では、誤解の恐れがない限り、単にドルという）が交換手段であり、特殊なケースを除いて日本銀行券のような円や円預金は交換手段としては使えない。そこで、例えば日本の輸入業者が米国からモノを輸入する場合には、円をドルに換えて、そのドルで米国の輸出業者に代金を支払うか、もしくは、日本の輸入業者が円で米国の輸出業者に支払い、米国の輸出業者が受け取った円をドルに換えるかしなければならない。このように国際金融においては、異なる貨幣が交換される場合が多い。

異なる貨幣の交換比率のことを**為替相場**または**為替レート**といい、為替レートが異なる国の貨幣の需要と供給の関係によって決定される制度を**変動為替相場制**(または**変動相場制**)という。日本や米国は変動為替相場制を採用しているので、円とドルの交換比率である円・ドルレートは日々変動する。そのためドルを保有している日本人は、為替レートの変動によって利益を得たり、損失を被ったりする。このような為替レートの変動によって利益を得たり損失を被ったりすることを、**為替リスク**を負うという。

為替リスクが存在する場合には、為替リスクを他の経済主体に移転したり、積極的に為替リスクを負ったりする市場として先物為替市場や通貨オプション市場が生まれる。**先物為替市場**とは、将来一定の為替レートで為替を取引することを、現在の時点で約束する市場をいう。それに対して、現在、円と交換にドルを受け取るような市場を**直物為替市場**という。通貨オプションとは何かは簡単には説明できないので、その説明は第6章にゆずることにする。このような直物為替市場、先物為替市場、通貨オプション市場などの仕組みを理解したり、直物為替レートと先物為替レート及び通貨オプション価格の関係を理解することも国際金融論の課題の一つである。

為替レートは一国の国際収支やGDP、雇用、さらに物価などのマクロの経済変数にも影響を及ぼす。そこで、為替レートとこれらのマクロの経済変数との関係を理解することもまた、国際金融論の課題になる。

本書では、為替レートの決定メカニズムについては第3章、為替レートと国際収支との関係については第4章、為替レートが国内の財政金融政策によってどのように変化し、それがさらにGDPや物価や雇用等にどのような影響を及ぼすかといった国際金融のマクロ経済的側面については第5章で、為替リスクを回避したり積極的に為替リスクを負担する仕組みである先物・通貨オプション・スワップなどの取引についてはは第6章で、それぞれ説明し、第7章と第8章で、それまでの章の検討を踏まえて、いくつかの国際通貨制度の評価を試みる。

2　外国為替の仕組み

外国為替とは

モノの輸出入や外国旅行や外国証券の売買などの国際間の取引は、最終的に貨幣で決済される。この国際間での貨幣による決済(これを国際間の資金決済という)の仕組みを**外国為替**という。

外国為替は為替の一種であるが、為替とは、離れた地域間の債権・債務の決済を現金を直接輸送することなしに金融機関の仲介によって行う方法または手段である、と定義される。

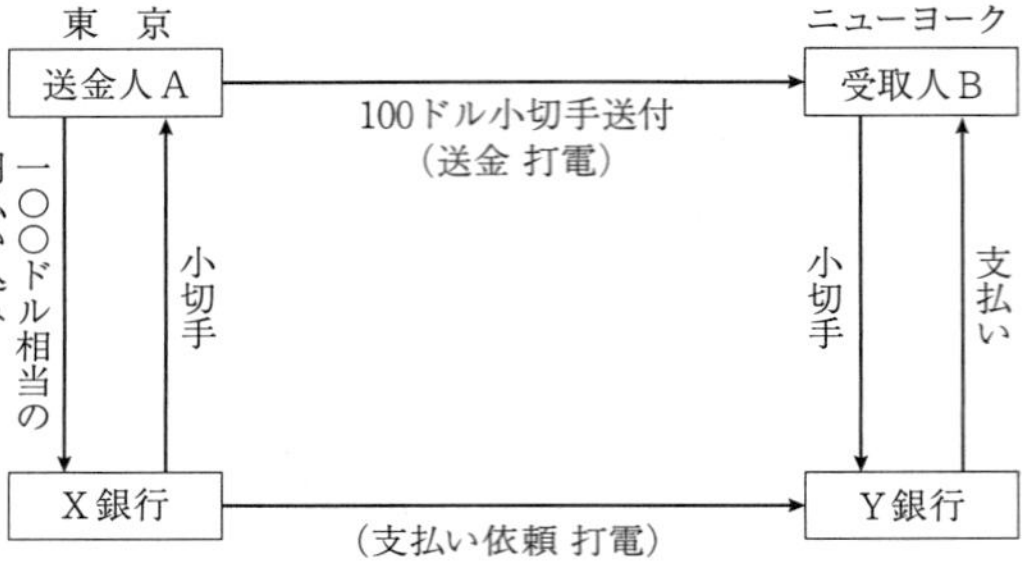

図1・1　並為替による送金

国内の取引である内国為替でも、決済が国際間にまたがる外国為替でも、為替には並為替と逆為替の二種類がある。ここではまず初めに、分かりやすい**並為替**(送金為替ともいう)から説明しよう。

図1・1は、東京にいるAがニューヨークにいるBに、並為替によって一〇〇ドルを送金する場合を示したものである。まず東京の送金人Aは、東京のX銀行に一〇〇ドル相当の円を払って、ニューヨークのY銀行払いの一〇〇ドルの小切手を受け取る。Aはこの小切手をニューヨークのBに郵送し、Bは受け取った小切手をY銀行に呈示して一〇〇ドルを受け取る。これが並為替による送金の方法である。これによってAとBの決済は終了するが、X銀行とY銀行の間で新たに債権・債務の関係が発生する。この新たに発生した債権・債務がどのように処理されるかは後に(一九頁)説明する。

右の送金方法では、AがBに小切手を送るまでに時間がかかると共に、小切手が途中でなくなる危険が存在する。そこでより早く、より確実に送金する必要がある場合には次のような**電信為替**が利用される。図１・１の（　）で示された部分は電信為替を示したものである。この場合には、ＡはＸ銀行に一〇〇ドル相当の円を払い込むが、小切手は受け取らず、Ｂに一〇〇ドルの送金通知を送る。他方、Ｘ銀行はＹ銀行に対して支払いの依頼をネット回線を利用して伝える。支払い依頼を受けたＹ銀行がＢに一〇〇ドル支払うことによって、ＡとＢの間の決済は終了する。この電信為替を利用すると、Ａが送金手続きを取った翌日か翌々日にはニューヨークでＢに一〇〇ドルが支払われる。

並為替は通常、利子・配当支払いや海外への出稼ぎ労働者の本国送金などの貿易外取引や、海外直接投資、証券投資などにおいて利用されることが多い。

逆為替

通常の商品貿易取引では、図１・２のような**逆為替**(取立為替ともいう)が多く使われる。図１・２は、東京の輸出業者Ａがニューヨークの輸入業者Ｂに対して、一万ドル相当の商品を輸出した場合の資金決済の仕組みを示したものである。まずＡは輸出貨物の船積みを終えると同時に、ニューヨークの輸入業者Ｂを支払人、東京のＸ銀行を受取人とする一万ドルの輸出手形を振り出し、船積書類と共にＸ銀行に持ち込む。

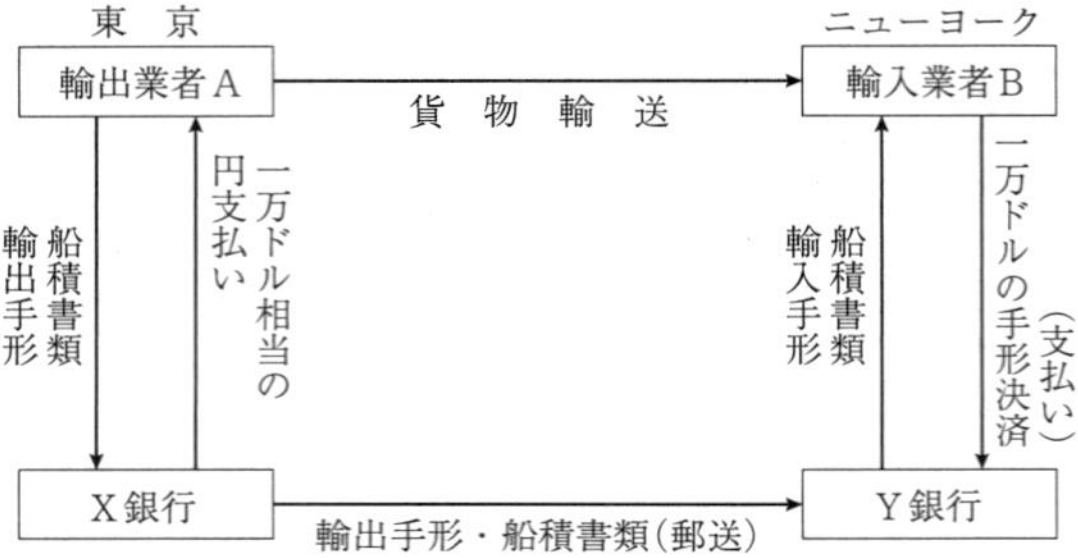

図1・2　逆為替による輸出代金の取立

この輸出手形は一般的には**外国為替手形**または貿易手形と呼ばれ、輸出国からみると輸出手形、輸入国からみると輸入手形と呼ばれる。また船積書類とは、船会社から発行されて輸送貨物の引き渡し請求書となる船荷証券、保険会社から発行され貨物に保険を掛けたことを証明する保険証券、及び貨物の中身を示した送り状などをいう。X銀行は輸出手形・船積書類と引き換えに、その日の為替レートで一万ドル相当の円をAに支払う。これをX銀行による輸出手形の買い取りという。X銀行はニューヨークのY銀行にこの輸出手形と船積書類を郵送し、輸入業者Bからの代金の取立を依頼する。Y銀行は輸入業者Bにこの貿易手形（輸入国からみると輸入手形）を示して一万ドルの払い込みを受けると、それと引き換えに船積書類をBに引き渡す。Bは船積書類のうちの船荷証券を船会社に示して輸入貨物を受け取る。これによって、貨物の受け取りと資金の決済が終了する。

並為替は債務者であるAが資金を支払うことから資金の流れが始まるのに対して、逆為替では債権者であるAが資金を受け取ることから資金の流れが始まっており、逆為替では資金の流れが並為替と逆になっている。この逆為替が商品貿易取引で多く使われるのは次の理由による。第一に、輸出業者は貨物を輸送した時点で代金を回収でき、輸入業者は貨物を受け取った時点で代金を支払えばよいので、両者にとって資金調達上好都合である。第二に、輸入業者が代金を支払わない限り、貨物は輸入業者に引き渡されないので、貨物の受け取りと資金の決済とを確実にすることができる。

コルレス取引

図1・1の並為替の例では、送金人Aと受取人Bとの間の決済は完了しているが、ニューヨークのY銀行はX銀行から支払い依頼を受けて受取人Bに支払った一〇〇ドルを、依頼されたX銀行から受け取っていない。したがって、X銀行とY銀行との債権・債務の関係は終了していない。

図1・3の①は、図1・1に示した並為替によって、東京のX銀行がニューヨークのY銀行に一〇〇ドルを支払う方法を示したものである。まず、X銀行はこのような支払い依頼に備えてあらかじめY銀行にドルで預金しておき、Y銀行に預けてあるX銀行のドル預金を一〇〇ド

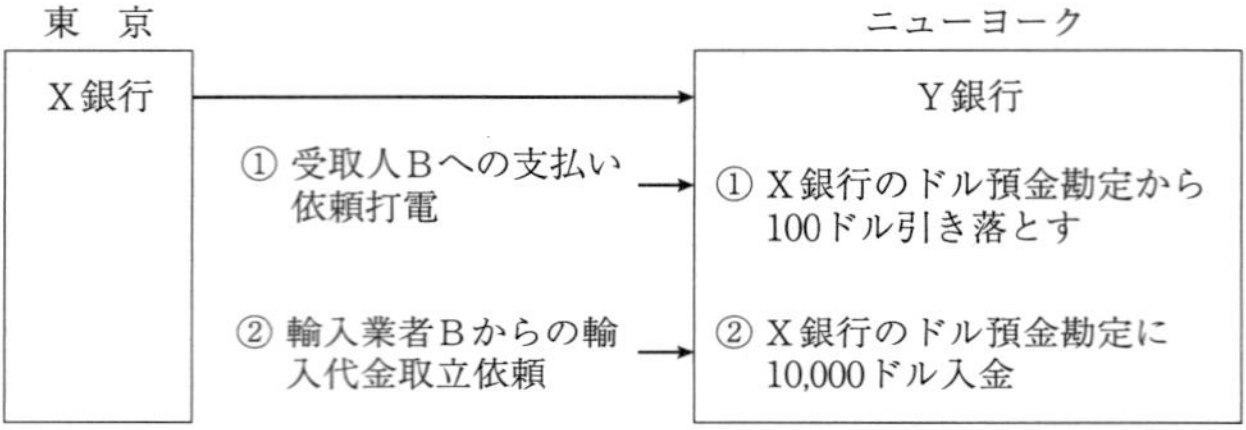

図1・3　コルレス取引による銀行間の決済

ルだけ引き落として、それを受取人Bに支払ってもらう。これにより、X銀行からY銀行への支払いが完了する。

このように各国の銀行は、為替取引に関して外国に存在している銀行に相手国通貨で預金しておき、その銀行と送金の支払いや代金の取立について契約を結んでいる。この契約を**コルレス契約**(Correspondent Agreement)、契約先の銀行を相互にコルレス銀行、コルレス銀行との取引をコルレス取引という。

図1・2の逆為替の場合にも、同様の決済がX銀行とY銀行の間で行われる。このケースでは、X銀行は輸出業者Aに一万ドルに相当する円を支払っているが、その一万ドルは輸入業者BからY銀行に支払われる。そこで図1・3の②に示されているように、X銀行はあらかじめY銀行とコルレス契約を結んで、Y銀行に自行のドル預金勘定をつくっておき、その預金勘定に輸入業者Bから支払われた一万ドルを入金してもらう。これによって、X銀行はY銀行から一万ドルを受け取ることになる。

国際通貨

このように、国際間の決済に使用される貨幣は、通常、現金ではなく、預金である。右の二つの例では、ＵＳドル預金が国際間の決済手段として利用されている。ＵＳドルは第一次世界大戦が終わる頃から今日に至るまで、国際的な取引の決済手段として広く使用されてきた。このような通貨を**国際通貨**という。ＵＳドルが国際通貨として使用されてきたのは、①取引における自由な交換性、②価値の安定、③使用・保有の利便性、④国際的な受領性などの性質が満たされてきたからである。①は、外国の居住者(居住者の定義については三〇頁参照)がドルの発行国である米国から為替管理上の制約を受けることなく、モノやサービスを購入できるという性質をいう。②は、米国の物価が比較的安定しているために、ドルの購買力が維持されるという性質である。③は、自由で国際的に開放されている金融・資本市場が存在するため、ドルを効率的に収益を生むドル建て資産に運用することができることをいい、④はドルによる支払いを誰もが拒否しないことをいう。ドルの受領性が満たされている理由としては、①から③の性質が満たされていることに加えて、米国の経済規模が大きいために、モノや資産の取引に占める米国のシェアが大きくなり、ドルが使用される地域が広いという点があげられる。

3　外国為替市場の仕組み

外国為替市場とは

前節で述べたように外国為替とは、抽象的には、外国との輸出入取引や資本取引など国際的な取引における資金決済の仕組みをいうが、具体的には、外貨建て(USドル建てなど)の小切手、旅行小切手、預金、外国為替手形などの外貨建ての金融資産を指す。ここに外貨建て(**ドル建て**)とは、金額や利子が外貨(ドル)で表示されていることをいう。それに対して、これらが円で表示されている場合は、**円建て**または邦貨建てという。

右のような外貨建ての金融資産を売買する市場が**外国為替市場**である。外国為替市場は単に、為替市場あるいは外為市場ともいう。外国為替市場も他の市場と同じように、普通、特定の場所や取引所は存在せず、電話やネットなどで取引される機構または組織を意味する抽象的な概念である。

外国為替市場は、狭義には**銀行間市場**(インターバンク市場)を指し、広義には銀行間市場に対顧客市場を加えた市場をいう。**対顧客市場**とは、銀行・外国為替ブローカーと銀行以外の個人・企業・非銀行金融機関とが取引する市場をいう。

外国為替市場の参加者

外国為替市場の参加者は次の通りである。

（1） 外国為替銀行

外国為替市場において、最も重要な役割を果たしているのは**銀行**である。前節の図1・1や図1・2（一六〜一八頁）に示されているように、個人や企業の為替取引はすべて銀行を相手として行われることが多い。個人や企業は銀行にとっては顧客であるので、銀行と個人や企業との取引を**対顧客取引**という。対顧客取引が認められる銀行は、各国の通貨当局によって認められた**外国為替銀行**だけである。外国為替銀行は単に為替銀行、あるいは為銀と呼ばれる。

日本における外国為替銀行は、都市銀行、信託銀行、その他、地方銀行や信用金庫の一部と外国銀行などである。

（2） 外国為替ブローカー

外国為替銀行は顧客との外国為替の取引において、外貨、日本ではとくにドルが不足したり、余ったりすることがある。不足する銀行はドルを買おうとし、余った銀行はドルを売ろうとする。その場合に、外国為替銀行のドルの売りと買いの注文を受けて、売買を成立させる仲介業務を営んでいる企業を、**外国為替ブローカー**という（単に為替ブローカーともいう）。為替ブローカーはこの業務を遂行するために、多数の銀行との間に専用回線を設置している。

（3）日本銀行

政府は円・ドルレートが大きく変動する場合には、外国為替市場で**日本銀行**を代理人として円やドルを売買することを通じて、円・ドルレートを安定化させたり、一定方向へ誘導しようとすることがある。これを**外国為替市場介入**（または平衡介入）という。

（4）顧客

右の外国為替銀行、為替ブローカー、日本銀行などが参加する外国為替市場は狭義の外国為替市場である。それ対して個人、銀行・為替ブローカー以外の企業、非銀行金融機関などは、外国為替の最終的な需要者、あるいは供給者として銀行と取引する。これらの経済主体は、外国為替市場では銀行からみて**顧客**と呼ばれ、銀行と顧客との取引が行われる市場が対顧客市場である。なお、銀行間市場を卸売市場と呼び、対顧客取引市場を小売市場と呼ぶことがある。

商社やメーカーや石油会社などは輸出入に伴って、銀行を相手にドルなどの外国通貨（**外貨**）を売ったり買ったりする。また海外旅行が盛んになった今日では、個人や旅行代理店なども銀行と外貨を取引している。さらに最近では、国際的な資本取引が活発になるにつれて、保険会社や企業年金基金などの機関投資家が重要な為替市場の参加者になっている。例えば、生命保険会社がその顧客から預かった生命保険料で米国の国債を購入する場合には、銀行に円を払ってドルを買い、そのドルで米国の国債を購入することになる。

直物市場と先物市場

外国為替取引は、取引される為替の受け渡し決済が直ちに行われるか、将来の時点で行われるかによって、直物取引と先物取引とに区別される。

外国為替銀行と顧客との為替取引では、契約と同時に決済される場合を**直物取引**という。例えば図1・2において、輸出業者が貨物を輸出して、輸出手形をその日の為替レートで外国為替銀行に買い取ってもらう場合、その対価である円が直ちに輸出業者に支払われるので、この取引は直物取引である。

他方、銀行間取引では、翌々営業日に受け渡し決済を行う取引を直物取引と呼んでいる。こうした直物が取引される市場が外国為替の**直物市場**である。

それに対して**先物取引**とは、将来の特定日、例えば一週間先とか一カ月先に為替を受け渡す契約を、現時点で結ぶものをいう。外国為替の先物が取引される市場を外国為替の**先物市場**という。

これらの外国為替の直物市場や先物市場で、それぞれ**直物為替レート**(あるいは単に、為替レート、または、直物レート)や**先物為替レート**(先物レート)が決定されるが、前者について

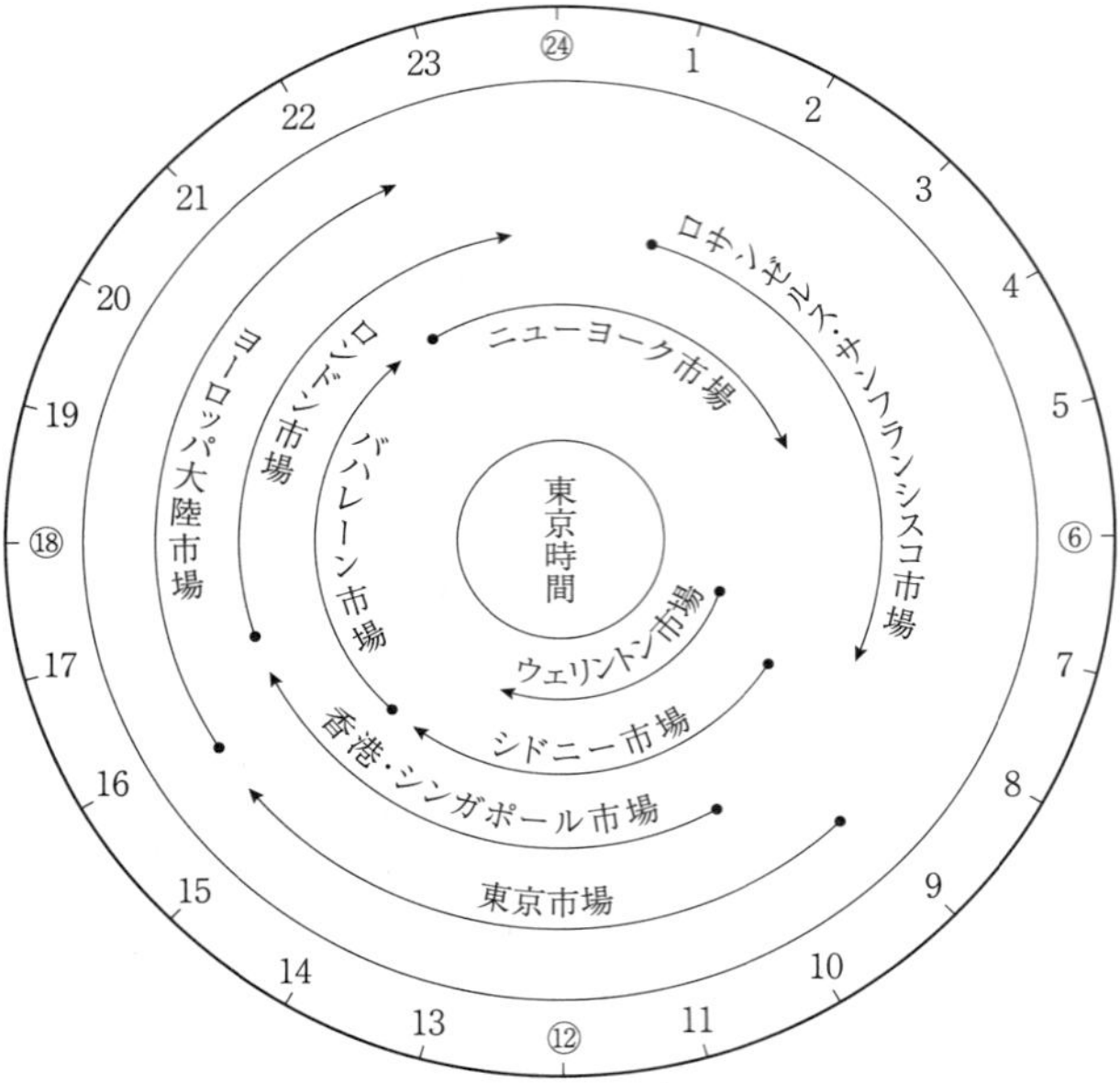

（注）営業時間を午前9時～午後3時30分と仮定（夏時間）
（出所）東京銀行調査部編『外国為替の知識』日本経済新聞社

図1・4　各国外国為替市場の営業時間帯

は第3章で、後者については第6章で各々説明することにする。

その他に外国為替市場には通貨オプション市場があるが、これについても第6章で説明する。

世界の外国為替市場

世界には、外国為替が取引される時間帯が異なる、複数の外国為替市場が存在する。東京時間で一日の世界の外国為替市場を概観すると、図1・4のようになる。まず午前九時に東京市場で取引が始まり、午後三時三〇分まで続く。ほぼこれと同じ時間帯に香港・シンガポール市場が開かれている。東京市場が閉まると、ヨーロッパ大陸市場での取引が始まり、夕方の五時にはロンドン市場が開き、ほぼ真夜中まで取引が行われる。ロンドン市場が閉まる頃からニューヨーク市場で取引が始まり、明け方まで続く。明け方から東京市場が開く九時までの時間帯は、米国西海岸のロサンゼルスとサンフランシスコ市場、及びニュージーランドのウェリントン市場とオーストラリアのシドニー市場が埋めることになる。

このように一日中、世界のどこかで外国為替市場が開かれているので、外国為替市場は**二四時間市場**といわれる。

これらの外国為替市場のうち規模でみると、ロンドン、ニューヨーク、東京の三つの市場が最も大きい。

第2章　国際収支と国際金融

一国のある期間におけるモノとサービスの対外取引と、預金や証券などの金融資産や不動産などの資産の対外取引は、国際収支表によって表される。前者を経常取引といい、後者を資本取引という。国際金融とは、国際収支表に示されるフローの資本取引と、毎年のフローの資本取引の残高であるストックの資本取引に関わる取引とをいうが、これらは経常取引と密接な関係がある。

そこで、この章では国際収支について説明し、それとの関連で国際金融とは何か、及び具体的な国際金融の仕組みについて説明しよう。

1　国際収支の見方

国際収支とは

日本をはじめとして、国際収支は国際通貨基金(ＩＭＦ)方式によって示される。**ＩＭＦ方式による国際収支**とは、ある国の居住者と非居住者の間の一定期間における経済取引を発生主義に基づいて記録したもの、と定義される。

ここに**居住者**とは、日本の場合についていうと、日本国内に経済活動の本拠を置く個人や法人のことをいい、**非居住者**とは、外国に本拠を置く個人や法人をいう。したがって、日本の国内に存在する外国企業や外国銀行の支店などは日本の居住者である。他方、日本企業の海外支店などは非居住者である(ただし、運輸会社と保険会社は例外である)。個人の場合、滞在期間一年未満の旅行者や外国の外交官、季節労働者などは非居住者とみなされる。

国際収支表に記載される**対外取引**とは、居住者と非居住者の取引をいい、国籍を異にする者の間の取引や国境を越える取引とは必ずしも一致しないことに注意しておこう。

例えば、本書の著者(日本の居住者)が米国に旅行して一年未満の間に、米国に存在する日本人が経営する日本食レストランで食事をする場合は、同じ日本国籍を持った者同士の取引であるが、日本の居住者(本書の著者)と日本からみて非居住者である米国に存在するレストランとの取引であるので、国際収支表に記載される対外取引である。

それに対して、日本での滞在期間が一年を超える米国人(日本の居住者)が、日本に存在する邦銀(日本の居住者)にドルを売る取引は、異なる国籍を持つ者の間の取引であるが、居住者間の取引であるので、国際収支表には記載されない。

なお、本書では、誤解のおそれがない限り、例えば、「日本の居住者である機関投資家」を、単に、「日本の機関投資家」というように、「居住者」を省略しているので注意されたい。

国際収支の分類

表2・1は日本の二〇〇八年の国際収支表を示したものである。この表に示されているように、国際収支はいくつかに分類して考えると理解しやすい。

国際収支は大きくは、モノやサービスなどの経常取引に伴う対外的な受け払いを記録する「経常収支」と、資本取引に伴う対外的な受け払いを記録する「資本収支」、及び「外貨準備増減」に分けられる。

(1) 経常収支

経常収支はさらに「貿易・サービス収支」、「所得収支」、及び「経常移転収支」に分類され、これらのうちの貿易・サービス収支は「貿易収支」と「サービス収支」から構成される。

①貿易・サービス収支　モノ(商品)の輸出と輸入は貿易収支として計上される。輸出と輸入においては、モノとサービスの流れと逆方向に決済のための貨幣(支払い代金または受け取り代金)が流れる。そこで、貨幣の受け取りを伴う輸出を貿易収支の受け取りといい、貨幣の支払いを伴う輸入を貿易収支の支払いという。

以下では、貨幣の受け取りを単に**受け取り**といい、貨幣の支払いを単に**支払い**というが、この受け取りと支払い(あるいは、受け払い)という用語の意味は、以下の収支についても当てはまることに注意されたい。輸出(すなわち、受け取り)から輸入(すなわち、支払い)を差し引いたものを貿易収支という。輸出（受け取り）から輸入（支払い）を差し引いたものが正（負）であれば、貿易収支は黒字（赤字）であるという。黒字は収入超過、赤字は支払い超過ともいう。二〇〇八年のモノの輸出は七七兆三五二二億円、モノの輸入は七三兆三一八四億円であるから、貿易収支は四兆三三八億円の黒字である。

他方、外国人旅行者が日本での飲食などに消費した金額はサービス収支の中の旅行収支の輸出（受け取り）に計上され、日本人が外国に旅行して消費した金額は輸入（支払い）に計上される。その他のサービス収支は、居住者と非居住者間の通信サービス、保険サービス、金融サービス、情報サービス（報道機関のニュース・サービスなど）などの取引に関する費用の受け払いや特許権使用料の受け払いなどである。

二〇〇八年のサービス収支は二兆二三六五億円の赤字（支払い超過）になっているが、赤字の大きな要因の

表2・1　2008年の日本の国際収支

（単位：億円）

1　経常収支	162,803
(1)貿易・サービス収支	17,973
(1･1)貿易収支	40,338
(1･1･1)輸出	773,522
(1･1･2)輸入	733,184
(1･2)サービス収支	−22,365
(2)所得収支	158,324
(3)経常移転収支	−13,494
2　資本収支	−195,560
(2･1)投資収支	−190,020
(2･1･1)直接投資収支	−112,006
(2･1･2)証券投資収支	−293,753
(2･1･3)金融派生商品とその他投資	215,739
(2･2)その他資本収支	−5,540
3　外貨準備増減	−32,001
4　誤差脱漏	64,758
参考：広義資本収支	−227,561

（注）広義資本収支は資本収支と外貨準備増減の合計

（資料）財務省ホームページ　統計情報・国際収支状況

一つは、円高に伴って日本人の海外旅行が増えたことである。

②所得収支　所得収支は居住者と非居住者間の「雇用者報酬」と「投資収益」の受け払いをいう。居住者による非居住者労働者に対する報酬の支払いは、所得収支のうちの雇用者報酬の支払いに計上される。一方、居住労働者が外国で得た報酬は所得収支のうちの雇用者報酬の受け取りに計上される。

投資収益には、居住者と非居住者間の対外金融資産・負債に係る利子・配当などの受け取り・支払いが計上される。投資収益は、直接投資収益、証券投資収益およびその他の投資収益に区分される。

二〇〇八年の所得収支は一五兆八三二四億円の黒字で、二〇〇七年の国内総生産（ＧＤＰ）の三％に達している。この比較的大きな黒字の原因は、日本の対外資産（外国の株式や国債などの証券）投資の拡大の結果、利子・配当などの投資収益の受け取りが増えていることにある。

③経常移転収支　貿易収支とサービス収支は商品やサービスの対価として代金が支払われる取引である。また、所得収支は対外資産への投資からの収益である。それに対して、無償の贈与や援助などの対価を伴わない一方的な取引は経常移転収支に計上される。日本が外国に無償援助する場合は、経常移転収支の支払いになる。経常移転収支には、日本の居住者が外国政府へ支払った税金や、外国人労働者のうちの日本の居住者から本国の家族に対する送金などが含

まれる。

右の貿易収支とサービス収支を合計した収支を**貿易・サービス収支**という。この貿易サービス収支に所得収支及び経常移転収支を加えた合計が経常収支である。二〇〇八年の経常収支は一六兆二八〇三億円の黒字であるが、これは二〇〇七年の国内総生産の三・二%にあたる。

（2）資本収支

居住者と非居住者間の資産または負債の受け払いは、**資本収支**に計上される。資本収支は「投資収支」と「その他の資本収支」から構成される。資本収支の取引では、外国の資産の購入または外国からの借り入れと逆方向に貨幣が流れることに注意しよう。

①投資収支　投資収支には居住者と非居住者の間で行われた金融資産と負債の取引が計上され、「直接投資」、「証券投資」、「金融派生商品」、及び「その他の投資」から構成される。

(a)直接投資　「直接投資」とは、当該企業が居住者となっている経済領域以外の企業の株式を「経営支配を目的」として取得することをいう。具体的には、親会社の持ち株比率が一〇%以上の子会社、支店に対する出資金や貸付金は直接投資として計上される。なお、日本の居住者による海外の不動産の取得または処分も、直接投資として計上される。

例えば、日本の居住者である企業(例えば、トヨタ自動車)が外国の企業を買収すると、直接投資収支の上では、株式が日本国内に流れてくるのに対して、株式の支払い代金である貨幣が外国に流れる。このように、株式の支払い代金である貨幣が外国に流れるので、この資本取引は資本収支上の支払いになり、**資本の流出**とか資本の輸出と呼ばれる。

右の日本の居住者による直接投資を**対外直接投資**という。この場合、日本は外国に対して債権を保有することになるので、「対外債権が増加した」という。対外債権は日本にとって資産であるので、対外債権の増加は資産の増加に他ならない。

他方、外国の居住者である企業が日本企業を買収すると、直接投資収支の上では、貨幣の受け取りになり、**資本の流入**とか資本の輸入という。この海外の居住者による日本企業に対する直接投資を**対内直接投資**という。この場合には、日本は対外債務を負うことになる。これは日本にとって負債の増加である。

対内直接投資(直接投資収支の受け取り)から対外直接投資(直接投資収支の支払い)を差し引いたものがプラスであれば、直接投資は黒字であり、マイナスであれば、赤字である。二〇〇八年の直接投資は一一兆二〇〇六億円の赤字である。

(b)証券投資　「証券投資」には、非居住者による日本の証券の売買と、居住者による外国での債券の発行・償還が含まれる。例えば、日本の居住者が外国の証券を購入すると、資本収支では外国への貨幣の支払いになる。したがって、これは資本の流出または資本の輸出になる。この場合、対外債権、すなわち、対外資産は増加する。他方、外国の居住者が日本の証券を購入すると、外国から貨幣を受け取ることになる。したがって、これは資本の流入または資本の輸入になる。この場合には、日本は対外債務を負うことになる。これは日本にとって負債の増加である。

証券投資における資本の受け取り(資本の流入)から資本の支払い(資本の流出)を差し引いたものを**証券投資収支**といい、資本の受け取り(資本の流入)が資本の支払い(資本の流出)を超えれば、証券投資収支は黒字になり、逆に、流出が流入より大きくなれば証券投資収支は赤字になる。二〇〇八年の証券投資収支は二九兆三七五三億円の赤字である。

(c)金融派生商品　「金融派生商品」には、オプション取引、先物および先渡取引、通貨スワップの元本の交換差額と、金利スワップの利子が計上される。これらの金融派生商品の仕組みは、第6章で説明する。

(d)その他の投資　「その他の投資」とは、直接投資、証券投資、金融派生商品および外貨準備資産に該当しないすべての資本取引をいう。具体的には、貿易信用、貸付・借り入れ、現預金などである。例えば、日本の居住者が外貨預金をすれば、その他の投資収支は支払いになる。

②その他の資本収支　その他の資本収支は「資本移転」と「その他の収支」から構成される。

(a)資本移転　固定資産の取得や処分に伴って生ずる資金の移転などが計上される。例えば、日本の居住者が機械設備を外国に売却することによって、ドル資金を受け取ると、その他の資本収支は受け取りになる。

(b)その他資産 「その他資産」には特許権や著作権などの非生産非金融資産が計上される。

(3) 外貨準備増減

外貨準備増減には通貨当局の管理下にある対外資産の増減が計上される。二〇〇八年の外貨準備増減はマイナス三兆二〇〇一億円である。外貨準備増減がマイナスであることは、外貨準備が減少しているように思われるかもしれないが、逆であることに注意しておこう。すなわち、右の外貨準備増減の数値は、政府・中央銀行保有の対外資産が三兆二〇〇一億円だけ増えていることを意味するのである。

これは分かりにくいと思われるが、次のように考えると理解できるであろう。政府・日本銀行が対外資産を増やすことは、対外資産の獲得のために貨幣を外国に支払うことを意味するから、この貨幣の支払いに注目すると、外貨準備資産増減の収支上は支払いになる。一方、政府・日本銀行が対外資産を減らすことは、対外資産を売却し、その売却代金として貨幣を外国から受け取ることを意味するから、この貨幣の受け取りに注目すると、外貨準備資産増減の収支上は受け取りになる。外貨準備増減はいま述べた意味での受け取りから支払いを差し引いたものと定義されるので、その符号が負であれば、支払い(対外資産の増加)の方が受け取り(対外資産の減少)よりも多くなるから、外貨準備は増えているのである。

国際収支の取引の記録ルール

国際収支における取引の記録方法にはルールがある。その第一は、国内から出て行くものは**貸方**(貸記ともいう)に、国内に入ってくるものは**借方**(借記ともいう)に記録するというものである。

前項では、国際収支における取引について、受け取りと支払いという言葉を使用した。その際には、モノやサービスの流れと逆方向に流れる貨幣に注目した。それに対して、国際収支における取引の記録方法である貸方と借方の概念では、モノやサービスや資産及び負債の流れに注目する。

まず、このことを経常収支について説明しよう。経常収支では、取引されるモノやサービスの動きに注目する。例えば、日本が自動車を輸出すると、日本から自動車というモノが海外に出て行く。したがって、右に述べた第一のルールに従って、輸出は経常収支(そのうちの貿易収支)の貸方に計上される。他方、日本が原油を輸入すると、日本に原油が入ってくる。したがって、輸入は経常収支(そのうちの貿易収支)の借方に計上される。

同じことは、経常収支のうちのサービス収支についても当てはまる。例えば、日本人が外国の航空会社を使って海外に旅行すると、外国の運輸サービスが国内に入ってくると考えられる。したがって、これは運輸サービスの輸入として、借方に計上される。逆に、外国人が日本の海運会社を利用して、日本に貨物を送る場合には、その運輸サービスはサービスの輸出として貸方に計上される。

次に、所得収支を考えよう。例えば、日本の居住者が外国で雇用者報酬を得たとしよう。所得収支では、日本の居住者が受け取る報酬ではなく、報酬を発生させた労働サービスの動きに着目する。この場合、日本の居住者の労働サービスが外国に出て行った、言い換えれば、日本の労働サービスが輸出されたと考えられるので、雇用者報酬は貸方に計上される。他方、日本の居住者が非居住者に雇用者報酬を支払う場合には、労働サービスが日本に入ってきた、すなわち、労働サービスを輸入したと考えられるので、借方に計上される。

所得収支のうちの投資収益の記録方法も雇用者報酬と同じである。外国から利子や配当を受け取ることは、外国に資本サービスを輸出したことになるので、貸方に計上される。逆に、外国に利子や配当を支払うことは、資本サービスを輸入したことになるので、借方に計上される。

それでは、無償援助や贈与などの見返りのない経常移転はどう考えたらよいであろうか。貿易・サービス収支の取引であれば、外国への貨幣の支払いに伴って、モノやサービスが日本国内に入ってくるから、その取引は借方に計上される。しかし、無償の援助等では、支払いの見返りに国内に入ってくるモノもサービスも存在しない。しかし、後に説明するように、国際収支の記録には第二のルールとして、複式計上がある。それとの関係で、経常移転における支払いは輸入と同様に借方に計上される。

この借方計上は理解しにくいかもしれないが、例えば、日本が外国に無償の食糧援助をすると、日本人はその見返りに人道的満足という一種のサービスを受け取るから、外国から受けた旅行サービスと同じように、借方に計上する、と考えると分かりやすいかもしれない。

次に、資本収支の記録方法を説明しよう。資本収支も経常収支と同様に、国内から出て行くものは貸方に、国内に入ってくるものは借方に記録する。資本収支において、国内から出て行ったり、国内に入ってくるものは、資産である。

例えば、日本企業が「経営支配」を目的に、外国の株式を取得すると、株式という資産が国内に入ってくる、言い換えれば、株式資産が輸入されることになるので、資本収支のうちの直接投資収支の借方に計上される。同様に、日本の生命保険会社の外国国債の購入は、国債という資産の輸入であるから、資本収支のうちの証券投資収支の借方に計上される。

それに対して、外国の年金基金が日本の株式を購入すると、日本の株式が外国に出て行く、すなわち、日本の株式を輸出することになるので、資本収支のうちの証券投資の貸方に計上される。

表2・2　国際収支の記録ルール

	貸　方	借　方
経常収支		
貿易・サービス収支	モノ・サービスの輸出	モノ・サービスの輸入
所得収支	雇用者報酬・投資収益の受け取り	雇用者報酬・投資収益の支払い
経常移転収支	無償の援助等の受け入れ	無償の援助等の実施
資本収支		
	金融資産・不動産(対外債権)の減少	金融資産・不動産(対外債権)の増加
	負債(対外債務)の増加	負債(対外債務)の減少
外貨準備	外貨準備の減少	外貨準備の増加

(注) 各収支は貸方から借方を差し引いたものと定義される.

日本が外国の銀行から借り入れたり、外国で社債を発行したりして、資金を調達する場合には、外国に借り入れ証書や社債といった証券が出て行く、つまり、証券を輸出することを意味するので、資本収支の貸方に計上される。これは、外国に対する債務(負債)の増加(すなわち、対外債務の増加)は資本収支の貸方に計上されることを意味する。したがって、逆に、日本企業が外国の銀行に借入金を返済したり、社債を償還したりすれば、証券が国内に戻ってくるので、資本収支の借方に計上される。つまり、日本の対外債務の減少は借方に計上される。

さて、前項で、二〇〇八年の外貨準備増減はマイナス三兆二〇〇一億円であり、これは外貨準備が三兆二〇〇一億円だけ増えることを意味すると述べた。これは分かりにくいが、この項で述べてきた国際収支表の記録方法を思い出すと理解できる。政府・中央銀行の対外資産の増加は対外資産の輸入であるから、国際収支の記録方法から、それは借方に記録される。一方、対外資産の減少は対外資産の輸出であるから、貸方に記入される。外貨準備の増減とは貸方から借方を差し引いたものと定義されるから、その符号が負であれば、貸方（対外資産の減少）よりも借方（対外資産の増加）の方が大きいことを意味する。

以上の貸方と借方の計上ルールをまとめると、表２・２のようになる。

複式計上のルール

国際収支の取引記録の第二のルールは、複式計上である。

例えば、日本の石油会社が中東の国から原油を輸入し、その代金を一カ月後に支払うことを約束する手形を振り出して支払ったとしよう。日本の石油会社の原油輸入は、経常収支（そのうちの貿易収支）の借方に計上される。一方、中東の国は一カ月後に日本の輸入会社から手形に記載されている金額相当の預金を振り込んでもらう権利を持っている。これは日本から短期証券が出て行く、すなわち、日本企業が短期証券を輸出することに等しい。したがって、日本の石油会社の手形振り出しは、資本収支の上では、貸方に計上される。

右の取引例では、原油の輸入が経常収支の借方に、その代金の支払いが資本収支の貸方に記録される。それに対して、資産の購入や売却および借入や借入の返済は資本収支の借方と貸方の双方に記載される。例えば、日本の生命保険会社が米国国債を米国の証券会社から購入し、その代金をドル預金の振込みによって支払うとしよう。この取引では、米国国債が日本に入ってくる(米国国債の輸入)ので、資本収支のうちの「証券投資収支」の借方に計上される。一方、国債の支払い代金であるドル預金は国内から米国に出て行く(ドル預金の輸出)ので、資本収支のうちの「その他の投資」の貸方に計上される。

このように、取引には、貸方に記載される側面と借方に記載される側面が存在する。この取引の両方の側面に着目して記録する方法を、**複式計上**(または、複式簿記)という。

先に、経常収支などの各収支の(貨幣の)受け取りから(貨幣の)支払いを差し引いたものが正であれば黒字、負であれば赤字というと述べたが、貸方と借方という用語を使うと各収支の黒字・赤字は次のように定義される。すなわち、各収支の貸方(国内から外国に出て行ったもの)から借方(外国から国内に入ってきたもの)を差し引いたものが正であれば黒字、負であれば赤字である。貿易収支の場合であれば、貸方に計上される輸出から借方に計上される輸入を差し引いたものが正(負)であれば、貿易収支は黒字(赤字)である。

同様に、資本収支の貸方に計上される日本が保有する資産の減少と負債の増加額の合計から、資本収支の借方に計上される日本が保有する資産の増加額と負債の減少額を差し引いたものが正(負)であれば、資本収支は黒字(赤字)になる。

なお、日本の無償援助などの支払いについては次のように処理される。すなわち、すでに述べたように、無償援助は経常移転収支では支払いとして処理されるから、借方に計上される。一方、無償援助をドル預金の送金で行えば、外貨資産が外国に出て行き、減少するので、資本収支のうちの「その他の投資」の貸方に計上される。

すべての収支を合計するとゼロになる

右に説明した国際収支の複式計上方式から、国際収支のすべての収支を合計したものはゼロになることが分かる。ここに、国際収支を構成する経常収支や資本収支などの各収支は各収支の貸方から借方を差し引いたものであることに注意しておこう。

まず、経常収支に記録される取引は必ず、経常収支と資本収支の両方に記録される。それは、経常収支に記録される取引は、財・サービスの取引と同時に、その代金の決済取引が行われるからである。この決済取引は資本収支の取引になる。例えば、輸出はモノの輸出という側面から、経常収支の貸方に記録されるが、資本収支では外貨での代金の受け取りの側面に注目するため、外国の資産の輸入になるから、借方に記録される。したがって、経常収支と資本収支を合計する場合には、経常収支における輸出(貸方)から資本収支における外国資産の増加(借方)を差し引くことになり、ゼロになる。

ただし、経常移転では貨幣が一方的に流れるだけで、財・サービスの取引は行われない。そこで、無償援助のような支払いは経常移転収支の借方に、その貨幣の支払い(右の例では、ドル預金による支払い)は資本収支の貸方に計上する、という複式計上方式が採用される。その結果、経常移転収支と資本収支の合計はゼロになる。

一方、資本収支だけの取引の場合には、資本収支の貸方と借方に同額計上される。例えば、右で述べた、日本の生命保険会社が米国国債を購入するケースでは、資本収支のうちの「証券投資収支」の借方と資本収支のうちの「その他の投資」の貸方に同額計上される。したがって、この取引における「その他投資」の貸方から証券投資収支の借方を差し引いて得られる資本収支はゼロになる。

以上では、民間部門の取引だけに注目したが、それ以外に、通貨当局(政府・日本銀行)による外国資産の売買取引が存在する。この取引は国際収支表では外貨準備増減として処理される。例えば、政府が日銀を代理人として、外国為替市場で円売り・ドル買い介入を実施するとしよう。この介入により、銀行が保有しているドルは政府に移転する。この取引は、邦銀が外国資産であるドル保有を減らし(ドルを輸出し)ているので、資本収支の「その他の投資」の貸方に記録される。一方、政府・中央銀行はドルを外貨準備として輸入しているので、外貨準備増減の借方に記録される。したがって、この取引で、資本収支の貸方から外貨準備増減の借方を差し引いた金額はゼロになる。

以上から、国際収支の総ての項目を合計したものはゼロになることが分かる。しかし、実際の国際収支統計の作成では、各取引の貸方と借方の取引を同時に把握することができない場合があるため、片方の取引を推計によらなければならないことがある。そのため、国際収支の各項目を合計しても必ずしもゼロにならない。そこでこの統計上の誤差は誤差脱漏として処理される。この誤差脱漏を考慮すると、次の関係が得られる。

経常収支＋資本収支＋外貨準備増減＋誤差脱漏＝〇　（２・１）

二〇〇八年の誤差脱漏は六兆四七五八億円で、同年の貿易収支四兆三三八億円よりも大きい。

国際収支の黒字・赤字の意味

国際収支が黒字であるとか、赤字であるとか言われる場合があるが、それはどういう意味を持っているのであろうか。

国際収支が赤字であるとか黒字であるとかいうのは、すべての取引を合計するのではなく、国際収支上の一部の取引だけを取りあげて定義する場合である。例えば、経常収支だけを取り出してみると、二〇〇八年は一六兆二八〇三億円の黒字である。経常収支のうちの貿易・サービス収支だけを取り出せば、二〇〇八年は一兆七九七三億円の黒字であるが、貿易・サービス収支のうちのサービス収支だけを取り出せば、二兆二三六五億円の赤字である。

また、国際収支の定義式(2・1)から、経常収支が黒字(赤字)であれば、資本収支と外貨準備増減及び誤差脱漏の合計は必ず赤字(黒字)になる。資本収支と外貨準備増減の合計を広義の資本収支と呼ぶと、誤差脱漏が一定額以下に止まっていれば、経常収支が黒字(赤字)の国は必ず広義の資本収支は赤字(黒字)になる。

資本収支の黒字・赤字と対外純資産の増減

日本が外国の資産を保有することは、日本が外国に資金を貸していることを意味する。したがって、日本の外国資産の保有は対外債権の保有と同じことを意味する。対外債権は**対外資産**(外国資産)とも呼ばれる。他方、日本が外国の銀行から資金を借り入れたり、外国で社債などの証券を発行することは、**対外債務**を負うことを意味する。対外債務は対外負債とも呼ばれる。対外資産の増加から対外債務の増加を差し引いたものを**対外純資産の増加**という。

右の定義から分かるように、日本の経常収支が黒字になると、広義の資本収支は赤字になる。広義の資本収支が赤字であることは、対外債務の増加(広義の資本収支の貸方)から対外資産の増加(広義の資本収支の借方)を差し引いた値が負になることを意味する。したがって、対外資産の増加から対外債務の増加を差し引いた対外純資産は増加することになる。すなわち、日本の経常収支が黒字であれば、日本の対外純資産は増加していることになる。

いま述べたことは、資本収支に現れる取引だけでは、対外純資産は増えないことを意味する。例えば、ある日本の生命保険会社が保有しているドル預金で米国国債を購入したとしよう。この取引では、日本の居住者が保有するドル預金は減少する(ドル預金の輸出)。したがって、このドル預金の減少が資本収支の「その他の投資」の貸方に記録される。その一方で、米国国債の保有が増加する(米国国債の輸入)から、この資産増加が資本収支の「証券投資」の借方に記録される。したがって、資本収支の貸方から借方を差し引いた資本収支はゼロになり、対外純資産は増えない。

この例で、日本の投資家が米国債を購入することを「資本が流出する」というが、その場合に日本から流出しているのは「ドル預金」であり、米国国債は逆に日本に流入していることに注意しよう。

経常収支と資金運用及びファイナンス

二〇〇八年の日本の経常収支の黒字は一六兆二八〇三億円であったが、誤差脱漏を除いた広義の資本収支は二二兆七五六一億円の赤字であった(表2・1参照)。この広義の資本収支の赤字は日本(民間部門と政府・日本銀行)が対外資産を増やしたことを意味する。この増えた対外

表2・3　経常収支赤字国のファイナンス．数値例（単位：ドル）

経常収支	－10,000
資本収支	＋9,000
外貨準備	＋1,000

資産の増加は誤差脱漏を無視すると、経常収支の黒字に相当する。これは、経常収支の黒字が資本収支の赤字を通じて、対外資産に運用されたことを意味する。このとき、資本収支の赤字は経常収支の黒字によって**ファイナンス**（**資金調達**）されたという。

表２・３は経常収支赤字国の経常収支と資本収支の関係を、数値例で示したものである。経常収支が一万ドルの赤字ということは、輸入などの支払代金が輸出から得られる資金では一万ドル不足していることを意味する。したがって、この国はこの不足の資金をどこからか調達したはずである。これを、**経常収支のファイナンス**という。

表２・３で、資本収支が九〇〇〇ドルの黒字であることは、この国の民間部門が短期の貿易金融や外国銀行からの借り入れや長期の証券発行などの方法によって、九〇〇〇ドルの資金を外国から調達することで、右の不足資金一万ドルのうち九〇％を埋めたことを意味する。これを、経常収支赤字のうち九〇％は、民間部門による対外債務の増加（外国からの借り入れ）によってファイナンスされたという。

残る一〇〇〇ドルの不足資金は、民間部門が政府・中央銀行から一〇〇〇ドルを購入して、ファイナンスしている。したがって、政府・中央銀行は外貨準備を減らしたことになる。

民間部門が外国から資金を借りる場合には、この章の第2節で説明するユーロ市場が利用される場合が多い。それは、ユーロ市場は規制の少ない、自由で機動性に富んだ市場であり、その市場では、経常収支の黒字国の民間部門がその黒字分を運用しようとして、資金の借り手を絶えず探しているからである。

資本流出によってマネーサプライは減少しない

国際収支については、「日本からの資本流出によって日本から外国へ円が流出するので、**マネーサプライ**（民間非銀行部門の現金と預金。貨幣供給量あるいは通貨供給量ともいう）が減少し、金融引き締め効果が生ずる」といわれることがある。しかし、これは誤解であるので注意しよう。

これが誤解であることを示すために、日本の生命保険会社（以下、生保と略す）のような機関投資家が米国国債を購入する場合を考えてみよう。これは日本からの資本の流出と呼ばれる。この場合、まず生保は日本の証券会社に米国国債購入の仲介を依頼する。日本の証券会社は米国にある自分の証券子会社（現地法人）にこの証券の購入を依頼する。生保が注文した米国国債のドル代金を一万ドルとすると、生保はその日の為替レートで換算した一万ドルの円相当額を証券会社に支払う。日本の証券会社は、生保に代わって、ドル代金を図１・１（一六頁）に示された並為替によって米国の証券子会社に送金し、その子会社から米国国債の売却者にドル代金が支払われる。

このケースでは図1・1の送金人Aが日本の証券会社であり、ニューヨークの受取人Bが米国の証券子会社である(ただし、最終的なドル代金の受取人は、米国国債の売却者)。日本の証券会社が生保から受け取った一万ドルに相当する円を日本のX銀行に払い込むと、X銀行はニューヨークのコルレス銀行であるY銀行に、ニューヨークの日本の証券子会社(受取人Bに相当する)に一万ドル支払うように依頼する。この支払いはY銀行に預けてあるX銀行のドル預金が引き落とされることによって実施される。このように日本の生保が米国の国債を購入するときには、日本のX銀行が保有しているドル預金が減少するが、円通貨が米国に流出しているわけではない。また国内では生保が持っていた円預金がいったん銀行部門から引き出されて証券会社に支払われるが、証券会社はその円預金で銀行からドルを購入するから、円預金は再び銀行部門に戻ってくる。したがって、これら一連の取引の結果、円預金残高は変化せず、マネーサプライは変化しないのである。

それでは、米国に居住する米国企業が日本の債券市場で円建てで債券を発行して資金を調達することにより、日本から資本が流出する場合はどうなるだろうか。このケースでは、日本の投資家が円預金を引き出して円建て債の募集に応じると、日本の銀行に米国の起債企業(債券

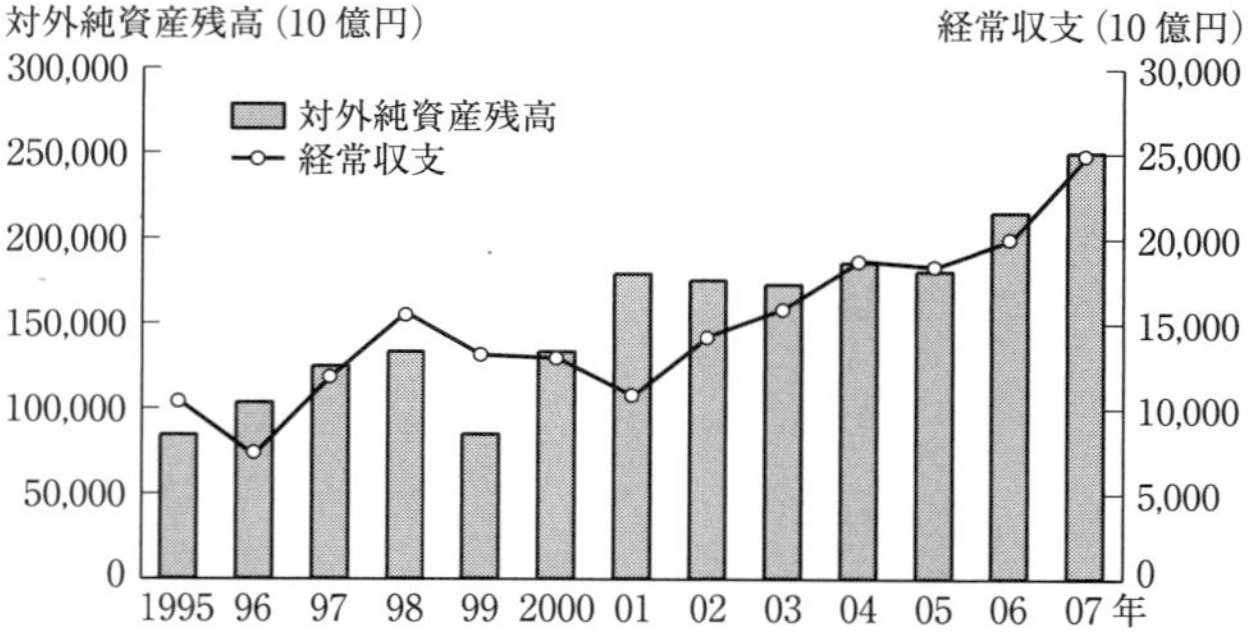

（資料）財務省ホームページ　統計資料　国際収支状況

図2・1　日本の経常収支と対外純資産残高の推移

発行企業のこと）の円預金として入金される。これにより米国居住の起債企業の円預金が増大する。しかし外国の居住者が日本の銀行に保有している円預金は、日本のマネーサプライの中に含めて定義される。

また、この起債企業が円預金を自国の銀行に預け換えすると、この円預金はユーロ円預金と呼ばれるようになるが、ユーロ円預金の払い出し、振替などは日本の銀行によって決済されるため、日本の銀行に預けられている円預金と同じように扱われる。

以上の結果、円預金が外国の居住者に移転して、日本から資本が流出する場合でも、日本のマネーサプライは変化せず、金融引き締め効果は生じないのである。

対外資産・負債残高と国際収支

国際収支は「一定期間における一国の対外取引の受け払い」を集計したものであり、フローの経済変数である。このような過去のフローの収支を合計してある時点で捉えると、「一国の対外債権・債務の残高」というストックの経済変数が得られる。対外債権の残高は**対外資産残高**ともいい、対外債務の残高は**対外負債残高**ともいう。また、対外資産残高から対外負債残高を差し引いたものを**対外純資産残高**という。この対外純資産残高が、ネットの意味で日本が持っている対外資産の金額を示している。

すでに述べたように、対外純資産が増加するのは経常収支が黒字になる場合であり、逆に経常収支が赤字になると対外純資産は減少する。

図2・1は一九九〇年以後の日本の経常収支と対外純資産残高の推移を示したものである。毎年の経常収支の黒字を原因として、対外純資産残高は増加傾向を示している。

2　資本収支と国際金融

国際金融の原理

外国為替市場では異なる通貨が交換されるが、その交換を通じて、第1章で定義したフローとストックの金融取引が行われる。これは国際金融の代表的ケースである。それに対して、国境を越えた金融取引という意味では国際金融であるが、日本企業が外国の国際金融市場で円建てで債券を発行して、払い込まれた円を国内で使う場合のように、外国為替市場での通貨の交換を伴わないものもある。ここでは、こうしたミクロ的な国際金融の詳しい説明にはいる前に、国際金融の原理とそのマクロ的な意味とを説明しておこう。

前節で、経常収支の赤字のファイナンスと経常収支の黒字の運用について説明した。それに対して、第1章第1節(九～一一頁)では、黒字主体と赤字主体によるフローの貨幣の貸借取引が金融の重要な側面の一つであると述べた。それは、収入と支出の不一致に伴う貨幣の過不足を融通し合うことであった。一国の経常収支の黒字・赤字も同じように資金の貸借の問題を含んでいる。

経常収支の黒字国は輸出などの経常収入が、輸入などの経常支払いよりも多い国である。すなわち、経常収支の黒字国は収入が支出を超える黒字主体である。したがって、この国は、家計簿が黒字になる家計と同じように、黒字分を金融資産などに運用して金利収入などを得ようとする。他方、経常収支の赤字国は輸入などの経常支払いが、輸出などの経常収入よりも多い国であり、支出が収入を超える赤字主体である。したがって、この国は、家計簿が赤字になる家計と同じように、保有している外国資産を売るか(家計の場合は、定期預金などを取り崩す)、もしくは、外国から新たに資金を借り入れるかして、経常収支の赤字をファイナンス(資金調達)しなければならない。

国際金融のフローの側面とは、資金が不足する赤字主体が資金が余っている黒字主体から、資金を国境を越えて調達する(ファイナンスする)ことであるが(資金が余っている側からみると資金を運用すること)、これを国全体に広げて、マクロ的にみれば、経常収支の赤字分だけ資金が不足する経常収支の赤字国が、経常収支の黒字分だけ資金が余っている経常収支の黒字国から、資金を調達すること(経常収支の黒字国からみれば、黒字を運用すること)に他ならない。広義の資本収支の金額を変化させる国際金融は、この経常収支の黒字国と赤字国の資金の貸借取引である。

他方、国際金融のストックの側面とは、個々の経済主体が保有している資産の通貨建ての構成を変えることをいう。例えば、日本の生命保険会社が所有しているドル建ての金融資産を売って、円建ての金融資産に換える取引がその一例である。この場合、生命保険会社に円建ての金融資産を売って、生命保険会社からドル建ての金融資産を買った者が、日本の居住者であれば(すなわち、日本の居住者同士の取引であれば)、資産の持ち主が変わっただけであり、資本収支の構成も、資本収支全体の金額も変化しない。

それに対して、右のケースで、日本の生命保険会社に円建ての金融資産を売って、同保険会社からドル建ての金融資産を買った者が、外国の居住者であれば、日本はドル建て資産という対外資産を減らしたことになる。日本の対外資産の減少は、資本収支上、日本への資本の流入として貸方に計上される。他方、日本は円建て金融資産を外国から買い戻したことになるので(外国からの借り入れを返済したことと同じ)、対外債務は減少する。この対外債務の減少は、資本収支上、日本からの資本の流出として借方に計上される。この場合、資本収支の構成は変化するが、資本の流出(借方)と流入(貸方)は等しく、流出と流入の差である純流出入には変化はないので、資本収支の金額は変化しない。

右に述べたことは、「資本取引だけでは、対外純資産は変化しない」(四九頁)ということと同じことを、ストックの国際金融という側面から、言い換えたものである。

ここで、右の結論をまとめておこう。

「マクロ的なフローの国際金融とは、黒字主体である経常収支の黒字国から、赤字主体である経常収支の赤字国へ資金を融通することである。この取引の結果、経常収支の黒字国では対外債権が増加し、経常収支の赤字国では対外債務が増加する。他方、ストックの国際金融は資本収支の構成を変化させることはあっても、資本の純流出入を引き起こさないので、資本収支の金額を変化させることはない。すなわち、各国の対外債権・債務の金額は変化しない」。

なお、次項ではより一層理解を深めたい読者のために、資本の流出入について、さらに詳しく解説しているが、複雑になりすぎてかえって混乱してしまいそうな読者は、次項を飛ばして、次の貿易金融の項(六〇頁)に進まれることをお勧めする。

経常収支赤字国からはネットの資本流出はない

いま述べたストックの国際金融に関する命題は、国際金融を理解する上で重要である。例えば、一九九四年六月のように急速な円高が起きると、新聞やテレビのニュースで、「米国から日本に向けて資本流出が続いており、当分円高は止まりそうもない」といわれることがある。これはあたかも、米国から日本への資金貸し付けが増えているかのような印象を与えるが、そうではないので注意を要する。

このニュースの傍線部分を正確に理解するために、米国の居住者Aが米国の証券(ドル建て証券とする)を売って、日本の居住者Bから日本の証券を買うケース(図2・2参照)も考えよう。

米国の居住者Aは日本の証券を保有することになるから、米国の対日債権は増加する。対日債権の増加は米国の資本収支上、米国から日本への資本の流出として計上される。他方、Aの日本の居住者Bに対する米国証券の売りは、米国の対日債務の増加になる(日本からみれば、対米債権の増加)から、米国の資本収支上、資本の流入になる。この取引は等価交換であるから、資本の流出と流入は等しく、差し引き(ネットで)米国から日本に資本は流出していない。言い換えれば、この取引によって、米国は日本にネットでみて資金を貸し付けているわけではない。

なお、このとき外国為替市場では次の取引が生ずる。まず、Aは米国の証券を売って得たドル(現金ではなく、ドル建ての預金。以下、単にドルという)を外国為替市場で円と交換し、その円でBから日本の証券を買う。他方、Bは外国為替市場で円を売ってドルを買い、それで米国証券を買う。したがって、外国為替市場では、Aはドルを供給(円を需要)し、Bはドルを需要(円を供給)している。

日本による米国証券保有増(米国への資本流入),
米国による日本証券保有増(米国からの資本流出)

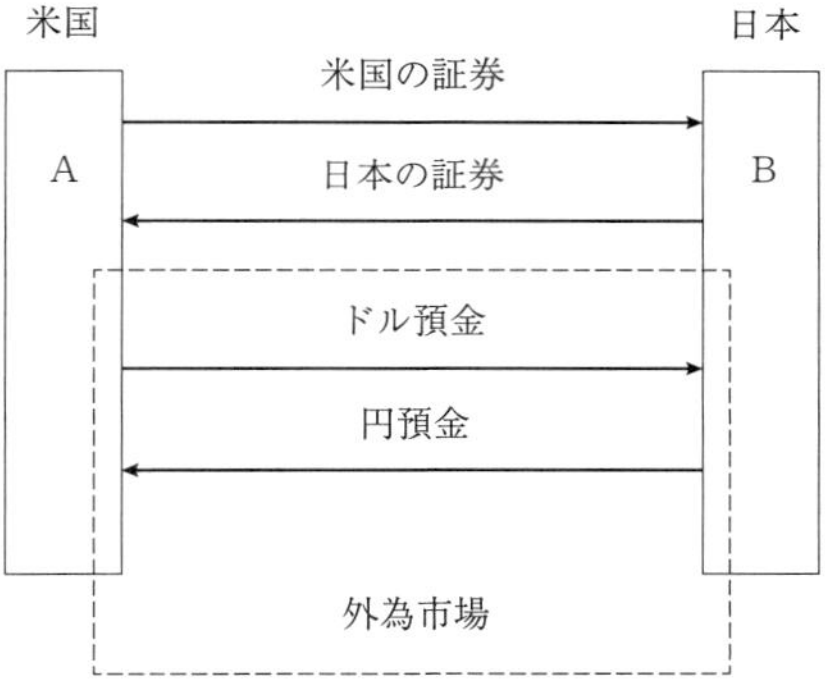

図2・2　ストックの国際金融

右のように、ストックの国際金融取引は、ネットでみて資本の流出入を引き起こさない。ネットでみて、資本の純流出入を引き起こすのは、時間という長さを持った経常収支に現れるフローの取引である。したがって、一九七〇年代半ば以来、フローでみて、対日経常収支赤字国である米国からネットで日本に資本が流出したことはなく、日本から米国へネットで資本流出が続いているのである。

貿易金融

右のようなフローとストックの金融が国際金融であり、国際金融取引が行われる機構（システム）が国際金融市場である。右の理解を踏まえた上で、まず最初に、貿易金融から説明しよう。

貿易金融とは、輸出や輸入などの経常取引に対して資金を融通する国際金融の一種であり、資本収支に現れるフローの金融である。円滑な貿易金融によって貿易が発展し、貿易当事国は貿易の利益を受けることができる。この意味で、貿易金融は国民経済にとって重要な潤滑油としての機能を果たしている。

貿易金融は、プラント輸出における延払（輸出）信用などを除いて、通常、満期が一年未満のものが多い。

（1）輸出金融の仕組み

貿易金融には、輸出金融と輸入金融とがある。まず、輸出金融から説明しよう。輸出金融には輸出貨物を船積みする前の金融（輸出前貸し金融）と貨物船積み後の金融とがあるが、前者は国内金融と変わるところがないので、ここでは船積み後の輸出金融を図1・2（一八頁）に即して説明しよう。

図1・2では、輸出業者Aは貨物を船積みして輸入業者Bに輸送した後、X銀行に輸入業者

B当てに振り出した輸出手形を持ち込み、X銀行はそれを買い取っている。この銀行による輸出手形の買い取りは、輸出手形に示されたドルを買って、その代金として円を支払う取引である。つまり、銀行からみればドル買い・円売り取引であり、輸出業者からみればドル売り・円買い取引である。

この取引においては、輸出業者Aは輸入業者Bの支払いが完了する前にドルを売って円を手に入れているという意味で、銀行から輸出業者に信用が供与されている。このように銀行による輸出手形の買い取りは、銀行が輸出業者に資金を融通したことになるので、これを**輸出金融**という。

なお、輸出手形は支払い期限の長さに応じて、**一覧払い手形**と**期限付手形**に分けられる。図1・2のケースは、輸出手形が振り出されてから、輸入業者によって資金が決済されるまでの期間が手形の郵送期間しかない一覧払い手形である。

それに対して、輸出業者が輸入業者に支払いを猶予する手形を**期限付輸出手形**といい、支払い猶予期間、すなわち、満期日までの期間に応じて、一覧後三〇日輸出手形とか一覧後六〇日輸出手形という。満期日までの期間は商慣行化しているので、これを**ユーザンス期間**(商慣行期間)といい、この輸出金融を**輸出ユーザンス**と呼ぶ。

（2） 輸入金融の仕組み

図1・2では、輸入業者Bは輸入手形決済資金をY銀行に支払って、輸入手形と船積書類とを受け取っている。しかし輸入業者Bが輸入手形決済資金を持っていない場合には、輸入業者Bはその資金を借り入れなければならない。これが**輸入金融**である。すなわち輸入金融とは、輸入業者に対して輸入決済を一定期間繰り延べるための金融（これを**輸入ユーザンス**という）である。

図1・2では輸入業者は外国企業であったが、ここでは輸入業者が日本の企業である場合を説明しよう。

貿易金融において重要な役割を果たしているものに**信用状**がある。信用状（Letter of Credit, L／C）とは、輸入業者の取引銀行が輸入業者に対して信用を供与して、一定の条件のもとに、輸出業者が輸入業者当てに振り出した輸出手形の引き受け・支払いを約束する書類をいう。この場合、信用状を発行する銀行を**信用状発行銀行**という。輸入金融においては、信用状発行銀行が輸入業者に代わって代金を支払い、その時点で対外決済は終了する。他方、信用状発行銀行は輸入業者に**約束手形**（指定された日に手形の持参人に手形に示された金額を、手形の振出人が支払うことを約束する手形）を振り出させて、輸入業者に資金を融通する。

輸入代金の支払いがドル建てで契約されている場合には、日本の信用状発行銀行は自己の保有するドル資金を輸入業者に融通することになる。そこでこれを**本邦ローン**と呼び、輸入金融の主要な手段となっている。

日本企業の海外資本市場からの資金調達

貿易金融は主として満期が一年以下の短期金融であるのに対して、満期が一年を超える長期の金融市場を**資本市場**という。資本市場からの資金調達は大きく社債と株式とに分けられる。

日本の企業は海外で**社債**を発行して資金調達することが少なくない。このように、非居住者（日本の場合は、日本企業）が外国（例えばロンドン市場）で発行する債券を、国内市場で自国通貨建てで発行する国内債と区別して、外国債、略して**外債**という。日本企業の外債発行は対外債務の増加になるから、資本の流入であり、資本収支の黒字要因である。外債には、額面金額（償還金額）と利払いが外国通貨で表示される債券だけでなく、自国通貨建て表示のものも含まれる。日本企業が外国で自国通貨である円建てで発行する外債は、**ユーロ円債**と呼ばれるが、なぜそう呼ばれるかについては次項で説明する。

ユーロ市場とは

右でユーロ市場について触れたが、ここで、ユーロ市場とは何かをその発展の経緯に触れなから説明しておこう。

一般にある国の通貨がその国の外で取引されるとき、それを**ユーロ取引**という。ユーロ取引が行われる市場が**ユーロ市場**である。

ユーロ取引は一九五〇年代後半にロンドンを中心としてヨーロッパにおいて、ドル建ての国際金融取引が始まったのが最初である。このようにユーロ取引とは、当初はヨーロッパ(Europe)における取引を指していたが、その後各国の通貨がヨーロッパだけでなく、その国以外で取引されることが多くなるにつれて、右に定義したような金融取引一般を指すようになった。したがって、例えば日本国内でも、企業や個人がドルなどの外貨建てで預金したり、借り入れたりする取引はユーロ取引に分類される。

一九五〇年代以後、ヨーロッパでドル建ての国際取引が活発になった背後には、次のような歴史的経緯が存在する。

イギリスは一九五〇年代以後インフレの悪化に苦しんでいたが、一九五六年にはスエズ動乱が発生した。当時はブレトンウッズ体制の下で固定相場制が採用されていたが(第3章、七二〜七五頁と第7章一八五〜一八八頁)、インフレの悪化に加えてスエズ動乱が発生したことにより、投資家たちは「イギリス政府はポンドを切り下げるのではないか」と予想して、こぞってポンドを売ってドルなどの外国通貨に換えようとした。そこでイギリスは、固定相場を維持するために厳しい為替管理を課して、ポンド売りに対処した。イギリスの金融機関は、一九世紀以来「シティ」と呼ばれるロンドンの金融街において貿易金融を中心とする国際金融に携わってきたが、この厳しい為替管理によってポンドによる貿易金融業務などを行うことができなくなってしまった。

他方、イギリスは自国内の銀行(外国銀行を含む)に対して、ドルなどの外貨による非居住者との取引については規制を緩和し、取引を自由に行えるようにした。イギリスが外貨による非居住者間の金融取引を自由化したのは、それによってイギリスの貿易収支や為替レートに悪影響を及ぼすことなく、イギリスの金融機関がそれまでと同じように国際金融サービスを提供し続けることができるからであった。

このようにして、ロンドンを中心とするユーロ市場が拡大・発展し、ロンドン市場には金融機関が集積し、金融のノウハウが蓄積していった。その後、国際金融取引について規制の少ない香港やシンガポールなどでも、非居住者間の外貨による取引が発展した。このような非居住者間で外貨による取引が自由に行える金融市場を、**オフ・ショア**(Off Shore)**市場**と呼ぶ。

ユーロ市場で取引されるのは債券などの証券だけではない。例えば日本の個人や企業が海外で円建ての預金をつくれば、それは**ユーロ円預金**と呼ばれる。預金のうち、他人に譲渡が可能な預金は**譲渡可能性預金**(CD)と呼ばれるが、ユーロ円預金のうちの譲渡性預金は**ユーロ円C**

Dと呼ばれる。また、国内の企業が邦銀の海外支店から直接円で借り入れる場合のローンを、**ユーロ円インパクト・ローン**という。これは邦銀の海外支店の貸し出しであるため国際金融取引として扱われるが、実際には、邦銀の海外支店は日本の本店から円資金の送金を受け、それを日本企業に貸し出すことが多いので、実質的には国内金融と変わらない。

第3章　為替相場制度と為替レート

一九九四年一一月二日、その日、欧米市場で円・ドルレートは九六円一一銭の史上最高値をつけた。日本が変動相場制へ移行した一九七三年三月の円・ドルレートからみると、実に六三%のドルの下落(ドル安・円高)である。しかし七三年から八一年までの間の九年間については、ドルの下落率は一六%であり比較的安定していたといえる。ところが八五年から八六年の一年間では、ドルは二九%、九二年から九四年にかけては二四%、それぞれ下落した。このように、変動相場制の下においては、為替レートは比較的短期間に急激に変動し、その変動の後はしばらくの間比較的安定するといった動きを続けている。こうした短期間で生ずる為替レートの大きな変動は、モノの生産や貿易の調整を困難にする要因になっている。

この章では、こうした変動相場制の下での為替レートの変動が、どのような要因に基づいて生ずるかを、第一次世界大戦前と第一次世界大戦後の一時期に採用された金本位制と、第二次世界大戦後に採用されたブレトンウッズ体制の下における固定相場制とを説明した後に、検討しよう。

1　固定相場制と為替レート

為替レートとは

為替レートは為替相場ともいい、異なる通貨の間の交換比率のことをいう。為替レートの表示の仕方には邦貨建てと外貨建てとがある。**邦貨建て為替レート**とは、一ドル＝一〇〇円のように、外国通貨一単位につき自国通貨何単位に相当するかを示す方式である。一ドル＝一〇〇円とは、一ドルの価値を円で測ると一〇〇円であるという意味で、一ドルの円で測った価値に他ならない。日本をはじめドイツやフランスなど多くの国でこの方式が採用されている。邦貨建て為替レートの上昇（低下）は、外国通貨の自国通貨で測った価値が増加（減少）することを意味する。例えば、一ドル＝一〇〇円が一ドル＝一二〇円に上昇すれば、ドルの円で測った価値は増大する。この変化をドル高・円安、あるいは、ドルが円に対して切り上がるという。

それに対して、アメリカから一ドル＝一〇〇円をみれば、自国通貨一単位（一ドル）が外国通貨（円）何単位に相当するかを表示していることになる。そこで、この為替レートの表示方法を**外貨建て為替レート**という。イギリスは自国通貨であるポンドの為替レートを外貨建てで表示している。アメリカも同じくポンドに対する場合を除いて、外貨建て表示を用いている。

為替レートには銀行間レートと対顧客レートの二つが存在する。第1章で述べたように、外国為替取引が銀行同士で行われる場合を銀行間取引といい、そこで形成される為替レートを**銀行間レート**(インターバンク・レート)という。それに対して、銀行が非銀行部門と外国為替を取引する場合を対顧客取引といい、その時の為替レートを**対顧客(為替)レート**という。普通、市場相場(マーケット・レート)と呼ばれているのは銀行間レートのことを指す。対顧客レートは銀行間レートを基準にして決定されるため、対顧客レートは小売りレートに、銀行間レートは卸レートに、それぞれ相当する。

なお為替レートには直物為替レートと先物為替レートがあるが、ここでは直物為替レートを取り上げ、先物為替レートについては第6章で取り上げる。

金本位制と為替レート

日本では一八九〇年代の終わりから第一次世界大戦が始まるまでの間、**金本位制(度)**が採用されていた。この制度が採用された当初、日本銀行券を持つ者はそれを日本銀行で一円当たり〇・七五グラムの金を含んだ金貨と交換できた。その当時、諸外国も金本位制を採用しており、金は外国貿易による決済手段にも利用された。

外国も金本位制を採用していれば、外国通貨、すなわち外貨も金と結びついている。例えば、一ドルは約一・五グラムの金と、イギリスのポンドは約七グラムの金と、それぞれ交換できることになっていた。金本位制の下では為替レートはその通貨が何グラムの金と交換できるかによって自動的に決定される。

例えば、一円は金〇・七五グラムと、一ドルは金一・五グラムと、各々交換できた。この場合、二円は一・五グラムの金に相当するから、金一・五グラムに相当する一ドルは、二円に等しくなる。したがって、一ドルの邦貨建てレートは二円になるわけである。

かりに外国為替市場で一ドルが二円を超えて上昇すれば、次のようなメカニズムが働く。例えば、一ドルが外国為替市場で二・二円に上昇したとしよう。この場合、日本の輸入業者が米国から一ドルの製品を輸入しようとすると、外国為替市場では二・二円を支払って一ドルを獲得しなければならない。ところが当時の金本位制の下では、二円で一ドルに相当する一・五グラムの金を購入して、その金を米国の輸出業者に送って輸入代金を支払うこともできた。米国の輸出業者は日本の輸入業者が送ってきた一・五グラムの金を、米国内で一ドルに交換することができたからである。日本の輸入業者は外国為替市場で、二・二円で一ドルを購入する代わりに、二円で一・五グラムの金を購入してそれを米国に輸送すれば、金の輸送費を無視すると、差し引き〇・二円の得になる。したがって一ドルが二円を超える場合には、日本の輸入業者は外国為替市場で円をドルに換えるよりも、円で金を購入し、金で輸入代金を支払った方が得になる。そこで、一ドルが二円を超えると、外国為替市場ではドルに対する需要がなくなり、ドルの円で測った価格である邦貨建て為替レートは低下して、一ドル＝二円に近づくことになる。

逆に、一ドルが二円を下回るようなことになれば、今度は米国の輸入業者にとって、外国為替市場でドルを円に換えて支払うよりも、米国から金を日本の輸出業者に送った方が有利になる。そこで一ドルが二円よりも低くなる場合には、外国為替市場では円に対する需要が減少して、円のドルに対する価値が下落する。これはドルの円で測った価値が上昇することを意味するので、一ドルが二円より低くなると、二円に戻る力が働くわけである。

右の為替レートの決定は、金を輸送するときの運賃や保険料を考慮して修正しなければならないが、いずれにせよ金本位制の下では、為替レートの変動幅はごく限られた範囲に固定されることになる。

ブレトンウッズ体制

金本位制度は、第7章第1節で説明するように、外貨準備増減の変化に伴ってマネーサプライ（貨幣供給量または通貨供給量）が変化するため、国内経済の変動（雇用と物価の変動）を大きくするという問題を抱えていた。そのため、第二次世界大戦後、各国は**ＩＭＦ協定**を結んで、雇用及び物価の安定と、為替レートの安定とを同時に達成できるような国際通貨制度を構築しようとした。この協定が結ばれた場所が米国ニューハンプシャー州のブレトンウッズであったため、この為替相場制度を**ブレトンウッズ体制**という。

この制度は次のようなものである。まず、米国が金一オンス（約三一・一グラム）を三五ドルの比率（一ドルは約〇・九グラムの金に相当する）としてドルの価値を金に結びつける。一オンス＝三五ドルを**米ドルの金平価**という。次に、各ＩＭＦ加盟国は自国通貨と米ドルとの交換比率を決める。各国通貨と米ドルとの交換比率を**ＩＭＦ平価**という。各国通貨は米ドルを通じて金に結び付けられ、各加盟国は自国通貨の為替レートをＩＭＦ平価の上下一％の範囲内に維持することが義務づけられた。

この義務は次のようにして遂行される。まず、米国は右の金平価に所定の手数料を加減した価格で、外国の通貨当局に対して、その保有する米ドルと金との交換に無制限に応ずる。他方、その他の国の通貨当局は、ＩＭＦ平価の上下一％以内の為替レートで、自国の外国為替銀行と無制限に米ドルと自国通貨との交換に応ずる。

円についていえば、その為替レートは一九四九年に一ドル＝三六〇円に決定された。日本銀行は一ドル＝三六〇円の上下一％以内の為替レートで、日本の外国為替銀行と、米ドルと円の交換に応じなければならない。かりに外国為替市場で一ドルがＩＭＦ平価の下限である三五六・四円（三六〇円から一％下がった値）を下回って三五六・三円になるとしよう。この場合には、外国為替銀行は市場で一ドルを三五六・三円で買って、日本銀行に三五六・四円で売って利益をあげることができる。そのため外国為替市場で銀行によるドルに対する需要が増大して、円・ドルレートはＩＭＦ平価の下限である三五六・四円に向かって上昇する。

逆に、市場の円・ドルレートがＩＭＦ平価の上限である三六三・六円よりも上昇すると、外国為替銀行は日本銀行から一ドルにつき三六三・六円でドルを購入し、それを市場で売却して利益をあげることができる。したがって外国為替市場におけるドル供給が増大するので、円高・ドル安になり、ＩＭＦ平価の上限を超えて上昇した円・ドルレートは、ＩＭＦ平価の上限に向かって低下する。

これがブレトンウッズ体制の下で、為替レートがＩＭＦ平価の上下一％以内に固定されるメカニズムである。

ただし、ＩＭＦ平価は金本位制のように絶対的なものではなく、国際収支において**基礎的不均衡**が存在する場合にはＩＭＦの承認を得て変更できるとされた。しかし基礎的不均衡とはどのような状態を指すかは、ＩＭＦ協定の中では明示されていなかった。一般には、「経常収支の均衡を保つために取られる引き締め政策を採用すると、生産が長期にわたって低迷し、慢性的失業が不可避となる」というような状態を指すものと考えられていたといえる。

このように一定の条件の下で平価の調整を認めていたので、ブレトンウッズ体制は**調整可能**

な**固定相場制**（アジャスタブル・ペッグ・システム。ペッグは釘付けの意味）と呼ばれた。

2　変動相場制と為替レートの長期的変動

ニクソン・ショックと変動相場制への移行

一九七一年八月一五日に当時の米国大統領ニクソンは、①ドルと金の交換の停止、②一律一〇％の輸入課徴金の賦課、③対外援助一〇％削減、などを骨子とする経済政策を発表した。これを日本では**ニクソン・ショック**と呼んでいる。この経済政策に対応して、主要国は一時的に変動相場制へ移行した。同年一二月にワシントンのスミソニアンで開かれた会議において、①米ドルの対金切り下げを含む多国間通貨調整（日本円は一ドル＝三〇八円へと切り上げ）、②為替変動幅の拡大（上下各一％から二・二五％へ）が合意された。

しかし、この**スミソニアン体制**も長くは維持できず、ドルの切り下げにもかかわらず米国の貿易赤字はむしろ拡大した。**ドルの切り下げ**とは、ドルの外国通貨で測った価値を引き下げることをいう。例えば、一ドル＝三六〇円を一ドル＝三〇八円に変更すれば、ドルは円に対して切り下げられたことになり、逆に、円はドルに対して切り上げられたことになる。

一九七三年の初めにはドル売り圧力が再燃し、各国の通貨当局は介入によって固定相場を維持することは不可能であるという認識を深め、主要国の通貨は変動相場制へと移行し、IMF体制は終わりを告げた。

このように一九七三年以後、国際通貨体制は**変動相場制**(フロート制ともいう)に移行した。しかし、実際には、当時、IMF加盟国の内で単独の変動相場制に移行したのは少数派で、発展途上国はドルなどに自国通貨をリンクさせた固定相場制を採用し、ヨーロッパの主要国は一九七九年から一九八九年まで、**欧州通貨制度**(EMS)と呼ばれる共同変動相場制を採っていた(第8章参照)。これは参加国内では固定相場制を採用するものである。

円・ドルレートの長期的低下と短期的大幅変動

図3・1に示されているように、円・ドルレートは変動相場制に移行して以来、短期的には上昇・下落を繰り返しながら、長期的にみると低下してきた。いったいこのように円・ドルレートが長期的に低下し、また短期的には上下に大幅に変動するのはなぜだろうか。

一九九四年一一月二日に、円・ドルレートは一ドル=九六円一一銭と、それまでの史上最高値をつけた。これを受けて、米国のベンツェン財務長官は「最近のドルの動きは、米国が投資主導の力強い景気回復をしているというファンダメンタルズ(経済の基礎的諸条件)に反している」と指摘して、円高・ドル安傾向を強く牽制したという。

（資料）日本銀行ホームページ

図3・1　円・ドルレート（月中平均）推移（各年の2月の数値で作成）

円・ドルレートはこうした米国の政府高官の発言に反応する場合もあれば、全く反応しない場合もある。例えば九三年の春には、クリントン米大統領を初めとする米国政府高官の円高容認発言が続き、その時には実際にも円高になった。しかし九四年に入ってからの円高・ドル安に対しては、米国政府高官の「これ以上のドル安は望ましくない」という発言にもかかわらず、円高・ドル安傾向は止まらなかった。

またかつては「有事に強いドル」といわれ、中東の危機が高まるたびにドル高になったが、九〇年代の初めには、外国為替市場はそうした反応を余り見せなくなった。

こうした中東危機であるとか米国政府高官の発言などは「ニュース」と呼ばれるが、為替レートは短期的にはこうしたニュースに敏感に反応したり、しなかったりしてかなりランダムに変動する。

しかし変動相場制に移行して以来、円・ドルレートが短期的に上下に変動しながらも長期的には低下してきたという事実は、何らかの長期的な要因が一貫して働いていたことを示唆している。そこで、円・ドルレートを長期的に低下させている要因と、短期的・中期的に上下に変動させる要因とに分けて、為替レートが何を原因として変動するかを検討しよう。

香水で測った購買力平価

為替レートの長期的な決定を考える上では、**購買力平価**とは何かを理解しておくことが重要である。

いま、あるブランドの香水一瓶の価格が、日本で一万二〇〇〇円で、米国では一二〇ドルであるとしよう。かりに外国為替市場で、円・ドルレートが一ドル＝一〇〇円とすると、一万二〇〇〇円を一二〇ドルと交換できる。したがって日本で一万二〇〇〇円でこの香水一瓶を買う代わりに、一万二〇〇〇円を一二〇ドルと交換し、その一二〇ドルで米国で同じ香水を一瓶買うことができる。言い換えれば、円・ドルレートが一ドル＝一〇〇円ならば、この香水を購入するための費用、すなわち価格は日本でも米国でも同じになる。このような、香水の価格が日米で同一となる円・ドルレートのことを、香水で測った購買力平価という。すなわち、円もドルも香水の購買力については同じになる為替レートが、香水で測った購買力平価である。

いま、日本と米国がこの香水だけを取引し、他の一切の取引は存在しないとし、さらに香水を日米間で輸送するときの費用は香水の価格に比べて無視できる大きさであるとしよう。この場合には、次のようなメカニズムを通じて実際の円・ドルレートは香水で測った購買力平価に一致すると考えられる。いまかりに、実際の円・ドルレートが一ドル＝一〇〇円を超えて、例えば一ドル＝一二〇円に上昇したとしよう。この場合には、外国為替市場で一〇〇ドルを一万二〇〇〇円と交換できる。そこで、外国為替市場で一〇〇ドルを一万二〇〇〇円と交換し、その一万二〇〇〇円で日本で香水一瓶を買い、米国でその香水を一二〇ドルで売れば(米国でのこの香水の価格は、仮定によって一二〇ドルである)、二〇ドルの利益が確実に得られる。したがって、この利益を求める貿易取引が活発になるであろう。このように、日米間の為替レートで換算した香水の価格に差が生じると、その価格差を利用して利益を得ようとする取引を、**裁定取引**という。

裁定取引が活発になると、外国為替市場では一〇〇ドルを一万二〇〇〇円と交換しようとするような取引が増える。これはドルを売って円を買う取引、すなわち**ドル売り・円買い**である。ドル売り・円買いの増加、すなわちドルの供給の増加・円の需要の増加によって、ドルの円で測った価格は低下する。かくて円・ドルレートは一ドル＝一二〇円から一ドル＝一〇〇円に向かって低下していく。

逆に、実際の円・ドルレートが一ドル＝一〇〇円を下回って、例えば一ドル＝九〇円になるとしよう。この場合には、外国為替市場で一万八〇〇〇円で一二〇ドルを手に入れることができる。そこで一万八〇〇〇円で一二〇ドルを手に入れ、そのドルで米国で香水を一瓶買って、日本で一万二〇〇〇円で売れれば、差し引き一二〇〇〇円の利益が得られる。そのため外国為替市場では、一万八〇〇〇円を売って一二〇ドルに換えようとするような**円売り・ドル買い**が増える。これは、外国為替市場で円の供給とドルの需要が増えることを意味するので、ドルの円で測った価格、すなわち邦貨建ての円・ドルレートは上昇する。かくて、円・ドルレートは一ドル＝九〇円から一ドル＝一〇〇円に向かって上昇する。

このような裁定取引による円とドルの交換は、一ドルが一〇〇円になると止まるので、円・ドルレートもそのレートで安定する。このような他の事情が変化しない限り安定して変化しない円・ドルレートを、円・ドルレートの**均衡値**という。

右では香水を日本で買って米国で売ったり、逆に米国で香水を買って日本で売る際に、輸送費用は香水の価格に比べて無視できる大きさであるとしたが、実際には、それは無視できる大きさではない。その点を考慮すると、実際の円・ドルレートはこの運送費を考慮した香水の価格で測った購買力平価に落ち着く。

貿易財で測った購買力平価

実際に日米間で取引されているものは、もちろん香水だけではない。日本は米国からオレンジや牛肉を輸入し、ファクシミリなどを輸出している。また自動車やパソコンなどについては、日本は輸出すると共に輸入もしている。このような日米間で輸出・輸入されるモノのことを**貿易財**という。そこで、右で述べた香水で測った購買力平価の考え方を貿易財に広げて考えることができる。すなわち、オレンジ、牛肉、テレビ、パソコンなどの一定の組み合わせを考えるのである。これを**貿易財バスケット**という。

日本での貿易財バスケットが一二万円するのに対して、米国では同じ貿易財バスケットが一二〇〇ドルで買えるとしよう。この場合、かりに円・ドルレートが一ドル＝一〇〇円ならば、日本の貿易財バスケットの価格一二万円をドルに換算すると、一二〇〇ドルになる。そこで、日米の貿易財バスケットの価格が等しくなる一ドル＝一〇〇円を、貿易財（バスケット）で測った円とドルの購買力平価という。

右の例で、日米両国で貿易財の取引に規制がなく、関税も存在せず、輸送費用も貿易財の価格に比べて無視できる大きさであれば、実際の円・ドルレートは前項で香水について述べたのと同じような裁定取引を通じて、一ドル＝一〇〇円の貿易財で測った購買力平価に落ち着くと考えられる。

表3・1　購買力平価

$$\text{香水で測った購買力平価} = \frac{\text{日本の香水の価格}}{\text{米国の香水の価格}} = \frac{12{,}000\text{円}}{120\text{ドル}} = 100\text{円}/1\text{ドル} \quad (1)$$

$$\text{貿易財で測った購買力平価} = \frac{\text{日本の貿易財バスケットの価格}}{\text{米国の貿易財バスケットの価格}} = \frac{120{,}000\text{円}}{1{,}200\text{ドル}} = 100\text{円}/1\text{ドル} \quad (2)$$

例えば、実際の円・ドルレートが一ドル＝一二〇円であったとしよう。この場合には外国為替市場で一〇〇〇ドルを売って一二万円を買い、その円で日本の貿易財を買い、その貿易財を米国で一二〇〇ドルで売ることができる。一〇〇〇ドルの元手で一二〇〇ドルの収入を得たわけであるから、この裁定取引によって差し引き二〇〇ドルの利益が得られる。そうであれば、外国為替市場では一〇〇〇ドルを売って一二万円を買うというようなドル売り・円買いが増えるので、ドルの円で測った価格、すなわち邦貨建ての円・ドルレートは低下する。かくて、円・ドルレートは一ドル＝一二〇円から一ドル＝一〇〇円に向かって低下することになる。

逆に、実際の円・ドルレートが一ドル＝九〇円に低下すれば、香水に関して述べた取引と同じ逆向きの裁定取引が生じて、外国為替市場ではドルが買われて円が売られるので、それに伴ってドルの円で測った価格は上昇する。すなわち、円・ドルレートは一ドル＝九〇円から一ドル＝一〇〇円に向かって上昇して

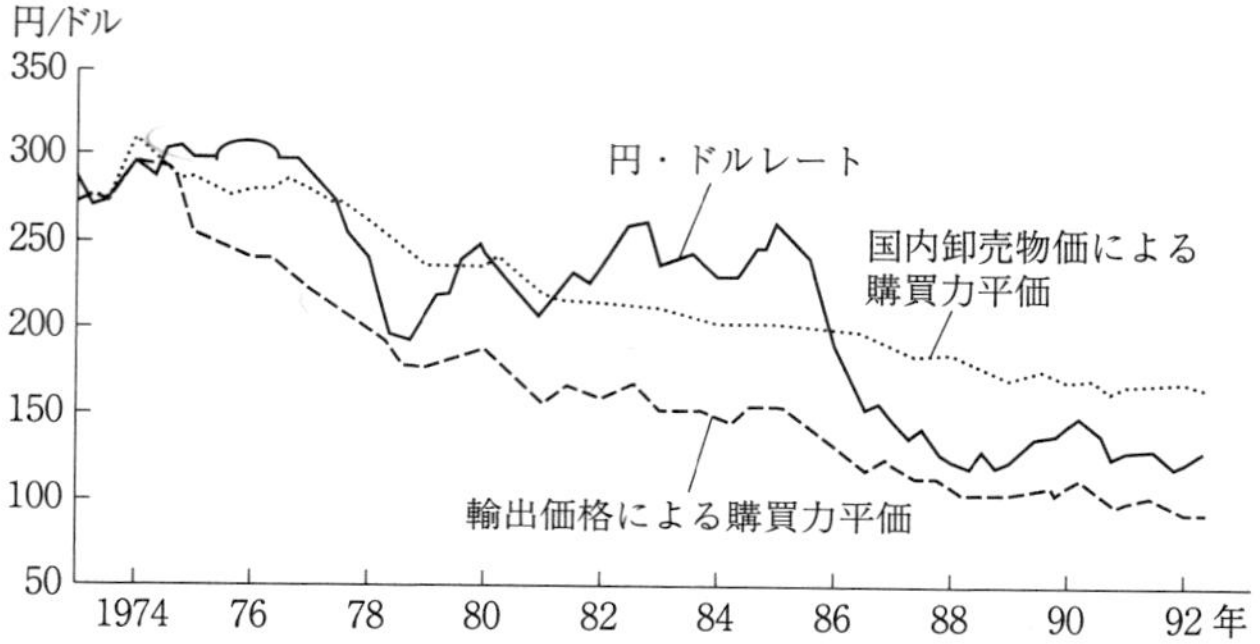

（資料）経済企画庁『経済白書』

図3・2　円・ドルレートと購買力平価の推移

いく。

このような裁定取引を通じて、実際の円・ドルレートは日米両国で貿易財バスケットの価格が同じになる水準、すなわち貿易財（バスケット）で測った購買力平価に落ち着くと考えられるのである。

以上をまとめてみると、香水と貿易財（バスケット）で測った購買力平価は、それぞれ、表3・1の（1）と（2）式のように表される。

それでは現実の円・ドルレートは、長期的にみて、貿易財の購買力平価説が妥当する方向で動いているだろうか。図3・2は、国内卸売物価と輸出物価に関する購買力平価と実際の円・ドルレートの動きとをみたものである。国内卸売物価には、消費サービスのような貿易が可能でないものが含まれていないため、それは貿易財の価格を反映していると考えられる。これによると、実際の円・ドルレートは長期的には国内卸売物価による購買力平価に近づく傾向がみられる。

3　為替レートの短期的・中期的変動要因

円・ドルレートの短期的・中期的変動

しかし実際の円・ドルレートは、貿易財で測った購買力平価から相当に離れることが少なくない。実際の為替レートが貿易財で測った購買力平価から離れる理由を説明する有力な理論に、アセット・アプローチがある。これは購買力平価のように為替レートをモノとモノとの交換で考えるのではなく、為替レートは通貨と交換に購入できる資産の収益率が各国間で等しくなるように決定されるという考え方である。

こうした考え方が定着した背景には、一九七三年の変動相場制への移行後、各国で国際間の資本移動の自由化が進められた結果、資本(資金)が最も高い収益率の獲得を目指して国際間を自由に移動するようになったことがある。資本が国際間で移動するとき異なる通貨が交換されるが、その時の通貨の交換レートが為替レートである。

例えば、日本の生命保険や信託銀行の信託部門や投資信託あるいは事業法人や個人は、ドル建てで預金したり、ドル建て証券を購入したりしている。ドル建て預金とかドル建て証券とは、利子や償還価格がドルで表示されたものをいう。これらの経済主体がドル建て預金を保有する場合には、円を銀行に売って、それと引き換えに、ドル建て預金をつくる。ドル建て証券を購入する場合にも、これらの経済主体は証券会社に円を払い込み、証券会社が日本の外国為替銀行にその円を払い込んでドルを購入し、そのドルが米国のコルレス銀行に送金され、そのドルで米国の証券会社を通じてドル建て証券が購入される。いずれの場合も、これらの経済主体は外国為替市場で円を売ってドルを買っているわけである。

右のようにして日本の居住者によるドル預金やドル建て証券の保有が増えると、外国為替市場では円売り・ドル買いが多くなり、円の供給が増加する一方、ドルの需要が増加する。そのため、ドルの円で測った価値、すなわち邦貨建ての円・ドルレートは、一ドル＝一〇〇円から一ドル＝一〇五円のように上昇する(**円安・ドル高**)。

逆に日本の居住者が保有しているドル預金を引き出して円預金に換えたり、ドル建て証券を売却して円建て証券に換えたりする場合には、外国為替市場では円買い・ドル売りが多くなる。あるいは外国の居住者が日本で円建ての預金をしようとしたり、円建て証券を買おうとする場合にも、外国の居住者は外国為替市場でドルを売って円預金をつくらなければならない。日本の国債のような円建て証券を購入する場合には、外国為替市場で購入した円預金を降ろして、それで円建て証券に投資することになる。このようにしてドル売り・円買いが多くなれば、邦貨建ての円・ドルレートは一ドル＝一〇五円から一ドル＝一〇〇円のように低下する(円高・ドル安)。

為替レートはこうした投資家たちの国際間での資産選択の結果、日々変動するようになった。この意味では、為替レートの変動は債券価格や株価の変動と基本的に変わらない。このように為替レートが国際間の資産選択を通じて決定される一種の資産価格であるという考え方を、アセット・アプローチ(アセットとは資産の意味)という。

アセット・アプローチで想定されている国際金融取引は、各時点の資本取引、すなわち、ストックの資本取引であり、今日では経常収支の赤字・黒字に対応するフローの資本取引額よりもはるかに大きなものになっている。

円建てとドル建ての長期債の期待収益率

いくつかの実証研究によると、中期的な円・ドルレートの決定を考える上では、日米の長期債の期待収益率の差が重要である。すなわち、米国の長期国債のようなドル建て証券の期待収益率が日本のそれを上回るにつれて、ドル建て証券への投資が円建て証券への投資よりも有利になるので、円建て証券からドル建て証券への乗り換えが起こる。この乗り換えの過程で、外国為替市場では円が売られてドルが買われるため、円・ドルレートは上昇する。

逆に、米国の長期債の期待収益率が低下して、日米の長期債の期待収益率の差が縮まると、米国の長期債から日本の長期債への乗り換えが起こる。この過程で、外国為替市場ではドルが売られて円が買われるので、円・ドルレートは低下し、円高・ドル安になる。

右のメカニズムをより詳しく説明するために、まず長期債の期待収益率について説明しておこう。

日本の長期証券としては、すでに発行されて市場で売買されている長期国債を考えよう。長期国債の一単位の額面価格は一〇〇円である。この額面価格は国によって長期債が満期償還されるときの価格であり、**償還価格**ともいう。この額面価格一〇〇円につき一年あたりの利子(確定利子)があらかじめ決められているが、この利子を六円としよう。発行された国債は流通市場で売買されるが、その時の売買価格を**流通価格**という。いま流通価格を九八円としよう。額面価格から流通価格を差し引いた金額を**償還差益**と呼ぶ。現在の数値例では、償還差益は二円である。この償還差益を現在から満期までの残存期間で割ったものが、一年あたりの償還差益である。いま残存期間が二年であるとすると、現在の数値例では一年あたりの償還差益は一円になる。

以上から、この残存期間が二年の国債を満期まで保有した場合の一年あたりの利益は、利子六円と一年あたりの償還差益一円の合計である七円になる。この一年あたりの利益七円を流通

表3・2　日米の国債の期待収益率

日本の国債の(円建て)期待収益率＝流通利回り	
$= \dfrac{\text{利子}+1\text{年あたりの償還差益}}{\text{流通価格}} \times 100$	(3)
米国国債の円建て期待収益率＝流通利回り－期待為替差損率	(4)
米国国債の円建て期待収益率＝流通利回り＋期待為替差益率	(5)
米国国債の円建て期待収益率＝流通利回り＋期待為替レート変化率	(6)

価格九八円で割って一〇〇倍したものを、この国債の一年あたりの**流通利回り**という。現在の例では約七・一％になる。この一年あたりの流通利回り七・一％は、この国債を二年間保有しようとするときに期待される一年あたりの収益率という意味で、この国債の**期待収益率**とも呼ばれる。

右に述べたことから、国債の「期待収益率＝流通利回り」を一般的に定義すると表3・2の(3)式のようになる。

米国の国債の期待収益率については、それを日本の投資家からみる場合には、右に定義した流通利回りを**為替差益**(または**為替差損**)の分だけ修正しなければならない。いま残存期間が二年の米国国債の額面価格を一〇〇ドル、流通価格を九八ドル、一年あたりの利子を一〇ドルとしよう。一年あたりの償還差益は一ドルになるから、一年あたりの利益は一年あたりの利子と償還差益の合計である一一ドルになる。この利益を流通価格九八ドルで割って一〇〇倍した流通利回りは、約一一・二％になる。

しかし、米国国債に投資する日本の投資家は、現在円をドルに換えて米国国債を購入し、将来ドルの形で得た収益と償還金を再び円に換えることになるから、二年間にわたって円・ドルレートが変化すると、為替差益を得たり、為替差損を被ったりする。例えば米国国債を購入する時点の円・ドルレートを一ドル＝一〇〇円とし、二年後に国債の償還を受けるときには円・ドルレートは九四円に低下していると予想するとしよう。この場合には日本の投資家は一ドルを一〇〇円で買って、二年後に一ドルを九四円で売ることになるので、六円の為替差損を被る。二年間の為替差損である六円を、国債の保有期間二年で割った三円が、一年あたりの為替差損になる。この一年あたりの為替差損を当初の円・ドルレートである一ドル＝一〇〇円で割った値を一〇〇倍して百分率表示したものが、一年あたりの予想される為替差損率（これを、以下、**期待為替差損率**という）であり、右の例では、三％になる。

以上から、日本の投資家にとって右の残存期間が二年の米国国債に投資した場合に期待される一年間の収益率、すなわち米国国債の期待収益率は、流通利回り一一・二％から期待為替差損率三％を差し引いた八・二％になる。これは円に換算した、すなわち、円建ての米国国債の期待収益率である。右に述べたことをまとめると表3・2の(4)式のようになる。

右の数値例では、日本の投資家にとって、日本国債に投資する場合の期待収益率は七・一％であるのに対して、米国国債に投資する場合の期待収益率は八・二％であるので、為替差損を被ることが予想されても米国国債に投資する方が有利である。そこで、当初日本国債を持っていた日本の投資家は、それを流通価格九八円で売り、次にその円で一ドル＝一〇〇円のレートでドルを購入し、そのドルで米国国債を購入しようとするであろう。つまり外国為替市場では、円が売られて、ドルが買われる。

この日本の投資家の日本国債から米国国債への乗り換えの過程で、日本国債が売られ米国国債が買われるので、日米両国の国債の価格は変化すると考えられる。しかし、理解を容易にするために、それらの国債の売買は両国の国債市場全体からみるとわずかなものであるため、両国の国債の価格はこうした取引によっては影響を受けないとしよう。また現在の円・ドルレートが変化しても、投資家たちが予想する二年後の円・ドルレートは、当初の九四円で変化しないとしてみよう。

右のような日本の国債を売って米国国債に乗り換える動きによって、外国為替市場では円が売られてドルが買われるため、ドルの円で測った価値、すなわち邦貨建ての円・ドルレートは上昇する。この円・ドルレートの上昇は、日本の投資家にとって、日本国債に投資しても米国国債に投資しても同じ期待収益率が得られるまで続く。

あらかじめ結論を示しておくと、日本国債と米国国債の期待収益率が同じになる現在の円・ドルレートは、約一ドル＝一〇二・四円である。この円・ドルレートのもとでは、二年間の為替差損は二年後の九四円から現在の一〇二・四円を差し引いたものであるから、八・四円になる。

表3・3　日米金利差による円・ドルレートの決定式

日本国債の期待収益率＝米国国債の円建て期待収益率	(7)
日本の金利＝米国の金利＋期待為替レート変化率	(8)

一年間に換算すると四・二円の為替差損である。この為替差損を現在の一ドル＝一〇二・四円で割って一〇〇倍すると、一年間の為替差損率四・一％が求められる。結局、日本の投資家にとっての米国国債の期待収益率は、流通利回り一一・二％から為替差損率四・一％を差し引いた、七・一％になる。これは日本の国債の期待収益率と同じであるから、現在の円・ドルレートが一〇〇円から一〇二・四円まで上昇すると、日本の投資家による日本国債から米国国債への乗り換えが止まり、円・ドルレートも一〇二・四円で安定する。この安定した円・ドルレートが現在の均衡為替レートになる。

右の数値例では、将来の円・ドルレートが現在のそれよりも低下するために、日本の投資家が米国国債に投資すると為替差損を被る場合を説明した。しかし、逆に将来の円・ドルレートが現在のそれよりも上昇する場合には、為替差益が得られる。その場合には米国国債の期待収益率は、米国国債の流通利回りに一年あたりの予想される為替差益率(これを、以下、**期待為替差益率**という)を加えたものになる(表3・2の(5)式参照)。

以上から、米国国債の期待収益率は一般的には表3・2の(6)式のように示される。この式で一年あたりの予想される為替レート変化率(以下、**期待為替レー**

表3・4　日米期待実質金利差による円・ドルレートの決定式

日本の金利－米国の金利＝期待為替レート変化率	(9)
期待為替レート変化率 ＝日本の期待インフレ率－米国の期待インフレ率	(10)
日本の金利－米国の金利 ＝日本の期待インフレ率－米国の期待インフレ率	(11)
日本の金利－日本の期待インフレ率 ＝米国の金利－米国の期待インフレ率	(12)
日本の期待実質金利＝米国の期待実質金利	(13)

ト変化率という)がプラスの場合には為替差益率になり、マイナスになる場合には為替差損率になる。

現在の円・ドルレートは表3・3の(7)式のように、日本国債の期待収益率(流通利回り)と米国国債の円建ての期待収益率とが等しくなるように決定される。また流通利回りは**金利**とも呼ばれるので、円・ドルレートが均衡に達する条件式は、(8)式のように、「日本国債の金利(以下、日本の金利という)が、米国国債の金利(以下、米国の金利という)に一年あたりの期待為替レート変化率を加えたものに一致する」という式に書き換えられる。

さらに、為替レートの均衡式を両国の金利差で示すと、表3・4の(9)式のように、「日本の金利から米国の金利を差し引いた日米金利差が、一年あたりの期待為替レート変化率に等しい」という式に書き換えることができる。右に述べた数値例では日本と米国の金利は、それぞれ、七・一%と一一・二%であったから、日米金利差はマイナス四・一%になる。他方、一年あたりの為替レート変化率はマイナス四・一%(すなわち為替差損率)であったから、日米金利差と一年あたりの為替レート変化率は等しくなっている。したがって、その時の円・ドルレート一〇二・四円は均衡為替レートになる。この例から分かるように、日本の金利が米国の金利よりも低ければ、為替差損が期待されるような水準に現在の円・ドルレートは落ち着くことになる。

将来の円・ドルレートの予想形成と日米期待実質金利差

右に述べたことから、日本の金利が七・一%、米国の金利が一一・二%、現在の円・ドルレートが一〇二・四円で落ち着いているとすれば、市場の参加者たちは一年あたりの為替差損を四・二円と予想していることになる。したがって市場の参加者たちが一年後に予想している円・ドルレートは九八・二円(仮定によって、二年後に予想される円・ドルレートは九四円)になる。

それでは、投資家たちはこのような将来の円・ドルレートをどのように予想するのであろうか。将来の円・ドルレートに関する予想形成についてはさまざまな考えがあるが、一つの有力な考え方に、投資家たちは長期的にみて、円・ドルレートは次第に日米の貿易財で測った購買力平価に近づいていくと予想するというものがある。日米の貿易財で測った購買力平価は日本の貿易財価格(円建て)を米国の貿易財価格(ドル建て)で割ったものであるから、日米の貿易財価格が変化すれば、貿易財で測った購買力平価も変化する。かりに、日本の貿易財価格の上昇率の方が米国のそれよりも低ければ、将来の日米の貿易財で測った購買力平価は低下すると予想される(八二頁の(2)式を参照のこと)。

実際の円・ドルレートが貿易財で測った購買力平価に近づくと予想されるならば、貿易財で測った購買力平価が、将来、低下すると予想される場合には、実際の円・ドルレートもまた、将来、低下する(円高・ドル安になる)と予想されるであろう。貿易財価格の上昇率をインフレ率と呼ぶと、日本のインフレ率が米国のそれよりも低い場合には、将来の貿易財で測った購買力平価は低下するから、将来の円・ドルレートも低下すると予想されるということである。したがって、日米両国の金利を一定として、米国のインフレ率の方が日本のインフレ率よりも高いと予想される場合には、米国国債に投資することは為替差損を被ることを覚悟しなければならない分だけ不利になる。逆に、日本国債を持つことはそれだけ有利になるから、円・ドルレートは低下するであろう。

投資家たちが予想する将来のインフレ率を**期待インフレ率**という。右に述べたように、日本の貿易財の期待インフレ率が低くなると、購買力平価は円高・ドル安になるから、投資家たちは、実際の円・ドルレートも近い将来、円高・ドル安に変化すると予想するであろう。したがって、(9)式の**期待為替レート変化率**は低下してマイナスになり、為替差損が予想されるようになるから、米国国債に投資することは、以前よりも不利になる。そのため、米国国債から日本国債への乗り換えが起き、その過程で、円が買われて、ドルが売られるので、円高・ドル安になる。

米国の貿易財の期待インフレ率が上昇する場合にも、購買力平価は円高・ドル安になるので、期待為替レート変化率は低下して、右と同じ過程を通じて、円高・ドル安になる。

結局、金利と貿易財の期待インフレ率と為替レートの間には次のような関係がある。

①貿易財の期待インフレ率を一定として、日米金利差が拡大すると、円高・ドル安になる。

②日米金利差を一定として、日本の貿易財のインフレ率が米国のそれよりも小さくなると、すなわち、日米期待インフレ率差が縮小すると、円高・ドル安になる。

なお、ここでは、日米金利差と日米期待インフレ率差を代数的な値の大きさの変化で定義している。例えば、当初、米国の金利の方が日本の金利よりも高かったために、日米金利差（日本の金利から米国の金利を引いたもの）がマイナス二％であったとし、その後、日本の金利だけが上昇して、日米金利差がマイナス一％になった場合には、「日米金利差は拡大した」という（これを絶対値でみれば、日米金利差は縮小している）。

右に述べたことは、結局、他の事情に変わりがなければ、金利が高く、貿易財の期待インフレ率の低い国の通貨はそれだけ高く評価されるということである。

ところで、日本の貿易財の期待インフレ率が低下したり、米国のそれが上昇すると、期待為替レート変化率は低下する。したがって、期待為替レート変化率は(10)式のように、近似的に、日本の貿易財の期待インフレ率から米国のそれを引いた値に等しくなる。
(10)式の右辺を(9)式の右辺に代入すると、(11)式が得られ、それを変形して(12)式が得られる。
右に述べたことから、円・ドルレートが均衡するときに成立する表3・4の(9)式は、(12)式のように変形される。すなわち、円・ドルレートは日本の金利から日本の貿易財の期待インフレ率を差し引いたものと、米国の金利から米国の貿易財の期待インフレ率を差し引いたものとが等しくなるような水準に決まるということである。一般に金利から期待インフレ率を差し引いたものを**期待実質金利**と呼ぶので、結局、円・ドルレートの均衡条件式は(13)式のように、日米の期待実質金利が等しくなるという式に変形される。

かりに日本の期待実質金利の方が米国の期待実質金利よりも高ければ、日本国債に投資する方が米国国債に投資するよりも有利になるので、米国国債を持っている投資家はそれを売って得たドルを円に換え、その円で日本国債を購入しようとする。その過程で外国為替市場では、ドル売り・円買いのほうがドル買い・円売りよりも多くなるため、円・ドルレートは低下する(円高・ドル安になる)。

逆に、米国の期待実質金利が日本の期待実質金利よりも高くなれば、日本国債から米国国債

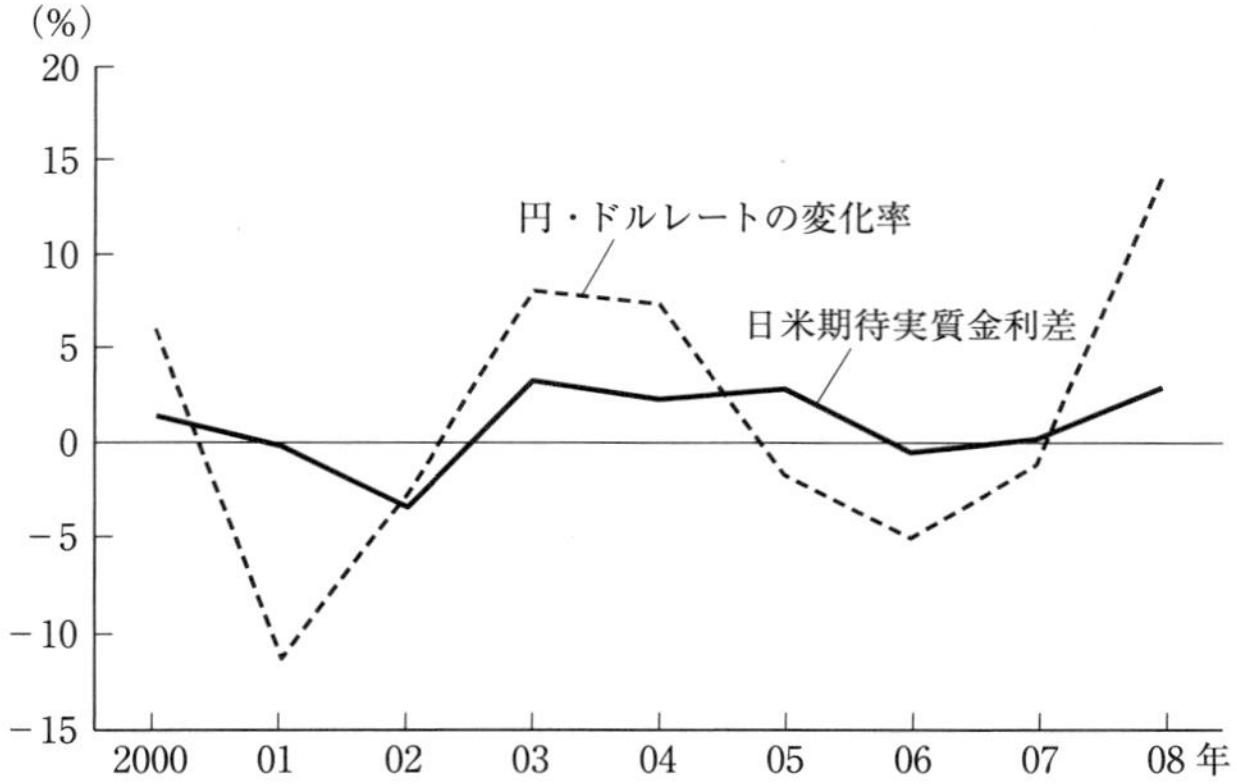

(資料) 米国の生産者価格指数は Bureau of Labor, 国債金利 (10 年もの) は Board of Governors of the Federal Reserve System. 日本の企業物価指数と国債金利 (10 年もの) は日本銀行.

図 3・3　2000 年代の日米期待実質金利差と円・ドルレートの変化率

への乗り換えが増加するため、円・ドルレートは上昇する(円安・ドル高になる)。

それでは、実際に日米の期待実質金利差は、円・ドルレートの変化と関係があるであろうか。これを調べるためには、日米の貿易財価格について投資家たちが予想するインフレ率を推定しなければならないが、ここでは、日本の貿易財の価格と米国の貿易財価格をそれぞれ、企業物価指数と生産者物価指数で近似し、かつ、投資家たちは現在のインフレ率が今後も続くと期待すると前提しよう。図3・3はこの前提の下で、日米の期待実質金利差の推移と円・ドルレートの変化率の推移を示したものである。

この図では、円・ドルレートの変化率が大きいほど、円高・ドル安に変化したことを意味する。この図によると、日米期待実質金利差と円・ドルレートの変化率とは、ほぼ同じ方向に変化していることが読み取れる。例えば、二〇〇二年から二〇〇三年や二〇〇七年から二〇〇八年にかけてのように、日米期待実質金利差が拡大する(日本の期待実質金利が米国のそれよりも大きくなる)と、円・ドルレートは円高・ドル安の方向に変化している。

このように、長期的には円・ドルレートは日米の貿易財の購買力平価に近づく傾向を持ちながら、その時々の期待実質金利差に影響されて変動すると考えられる。

為替リスクと累積経常収支

いままでは、投資家は将来の円・ドルレートについて、ある確定的な水準を予想すると前提してきた。右の数値例では二年後の円・ドルレートを九四円と予想し、一年間で四・二円の為替差損を被ると予想するとした。しかし実際には円・ドルレートはそれ以上に低下して、より大きな為替差損を被る可能性もある。このような将来被るかもしれない為替差損の大きさが確定しないとき、為替リスクが存在するという。日本の投資家にとって、米国国債への投資には為替リスクがつきまとうことを考慮すると、米国の期待実質金利が日本の期待実質金利より大きくなっても、必ずしも日本の投資家にとって米国国債に投資する方が日本国債に投資するよりも有利になるとは限らない。

日本の投資家は、米国国債投資には為替リスクが存在するため、米国の期待実質金利が日本のそれよりも「ある程度大きくなければ」投資しようとはしないであろう。この「ある程度大きい」金利の部分を**為替リスク・プレミアム**という。

為替リスク・プレミアムの大きさはさまざまな要因に依存すると考えられるが、中でも重要なものは日本の投資家たち全体が保有している**ドル資産残高**である。ドル資産残高が大きくなると、円・ドルレートが少し低下しただけで、日本の投資家たちは大きな為替差損を被る。したがって、日本の投資家たちのドル資産保有額が増加するにつれて、日本の投資家がさらに為替リスクを負担しながら米国国債に投資するためには、米国の期待実質金利は日本のそれをより大きく上回らなければならない。言い換えれば、より大きな為替リスク・プレミアムが得られると期待されなければならないということである。

ドル資産残高の大きさは、資産評価価格の変化を無視すると、過去の経常収支黒字の累積値に等しい。この累積値を**累積経常収支黒字残高**と呼ぶと、為替リスク・プレミアムは累積経常収支黒字残高が増大するにつれて上昇することになる。したがって米国の期待実質金利が日本のそれよりもこの為替リスク・プレミアムの上昇分だけ大きくならなければ、日本の投資家にとって米国国債へ投資することは日本国債に投資するよりも有利ではなくなる。このことから、日米期待実質金利差が一定であれば、日本の累積経常収支黒字残高が増えるにつれて円・ドルレートは低下すると考えられる。

日本の経常収支の黒字が続く限り、累積経常収支黒字残高も着実に増加し続ける。しかし累積経常収支黒字残高は短期的かつ急激に変化するものではないから、短期的に急激な円高をもたらす要因ではなく、円高を構造的に支えている要因である。

ここで、これまでに述べたことをまとめると、①日米期待実質金利差が拡大すれば(日本の期待実質金利の方が米国よりも低い場合は、前者から後者を差し引いた差の絶対値が縮小すること)、日本の長期証券に投資する方が米国の長期証券に投資するよりも有利になるので、ドル売り・円買いが増加するため、円・ドルレートは低下し(円高になり)、逆に日米期待実質金利差が縮小すれば上昇する(円安になる)。②日米期待実質金利差を一定とすると、日本の累積経常収支黒字残高が増大するにつれて、円・ドルレートは低下し(円高になり)、逆にそれが減少すれば上昇する(円安になる)。

予想とバブル

いままでは、為替レートは長期的には貿易財で測った購買力平価に近づき、短期・中期的には期待実質金利差や累積経常収支残高に依存することを述べてきた。こうした購買力平価や期待実質金利差や累積経常収支残高のことを**ファンダメンタルズ**(経済の基礎的諸条件)という。

しかし、為替レートがこれらのファンダメンタルズに基づいて決定されるといっても、現在の為替レートは現在の時点で予想される将来の為替差益や為替差損の大きさに依存し、将来の為替レートは将来の期待実質金利差や累積経常収支残高や貿易財で測った購買力平価の水準などの、将来のファンダメンタルズに依存する。したがって、現在の時点で将来の為替レートを予想するためには、将来のファンダメンタルズがどのようなものであるかを予想しなければならない。ところが、将来のファンダメンタルズがどのようになるかがよく分からない場合には、将来の為替レートの予想は必ずしも将来のファンダメンタルズの予想に基づくのではなく、次のような方法で予想されがちである。例えば、いままで為替レートが上昇してきたので今後も上昇し続けるであろうとか、あるいは、いままで上昇してきたのでそろそろ低下に転ずるであろうとか、低下が続いてきたのでそろそろ上昇に転ずるであろうといったように、過去から現在にかけての為替レートの変化そのものに基づいて将来の為替レートが予想される。このようなある程度の経験則に基づいて為替レートの変化を予想するものに**罫線分析**(あるいはチャート分析)がある。罫線分析による投資家はファンダメンタルズを無視して為替を売買する。例えば、為替レートが一時的な攪乱によって、ファンダメンタルズから離れ、罫線分析家の予想が当たるようになると、その後の為替レートもその影響を受けて、ファンダメンタルズからますます離れることがある。

ファンダメンタルズに基づかない為替レートの変化から利益を得ようとする行為を、**バブル的為替投機**という。こうしたバブル的為替投機によって大きな利益を得る人が出現すると、我も、我もと、よく分からないままバブル的為替投機に参加する人が増え、ますます為替レートがファンダメンタルズから離れていく。例えば円・ドルレートに関していえば、ファンダメンタルズから離れてどんどん円高・ドル安になっていくような状況である。このような円高はちょうど水の中に生じた泡が水面に向かって膨張しながら上昇していく様子に似ているので、**バブル**(またはバブル的現象)という。

経済学では、このようによく分からないまま多くの人が為替投機に走ることを、**バンド・ワゴン現象**と呼んでいる。このように呼ぶのは、バンド(楽隊)を乗せたワゴン(車)が演奏しながらにぎやかに通ると、人々はよく事情が飲み込めないまま何かありそうだと思ってその後に付いて行き、いったん行列ができると、さらに多くの人が何かいいことがあるのではないかと付いて行く様子に似ているためである。

マクロ経済学の始祖であるイギリスの経済学者J・M・ケインズ(一八八三—一九四六)は、バブル的投機を「美人投票」になぞらえた。ケインズの「美人投票」とは、自分が美人と思う人に投票するのではなく、できるだけ多くの人が美人と思う人を当てた者が賞を得る投票である。ケインズによれば、株式市場はこの「美人投票」の場と同じであるという。なぜならば、人々は他の投資家がどのような株式が最も値上がりすると考えるかを予想して株式に投資するからである。同じことは為替レートにもあてはまる。外国為替市場の投資家たちは、他の多くの投資家が円高になるだろうと予想していると考えると、ドルを売って円を買う。他の投資家も同じことをすれば、結局、円が多くの人にとって美人になり、円高になってしまう。このように多くの人が円高になると思うから、多くの人が円買い・ドル売りに走り、実際にも円高になってしまうことを、**自己実現的予想**という。外国為替市場や株式市場など不確実な資産が取引される市場では、こうした投資家たちの予想が自己実現するケースが少なからず存在する。

しかし、バブル的な為替レートの一方向への累積的な動きは永続はしない。何らかのことをきっかけとして為替レートが反転すると、今度は一挙に逆方向に為替レートが動き出すことがある。これを**バブルの崩壊**と呼んでいる。

実際の為替レートは、ファンダメンタルズに基づくレートを中心としながら、絶えず大小のバブルが発生しては崩壊していると考えられる。

市場介入の効果

急速な円高が進むと、政府は日本銀行を代理人として、銀行間外為市場で円を売ってドルを買うことがある。これを**円売り・ドル買い介入**という。政府・日本銀行はこの市場介入によって急速な円高を阻止しようとする。しかし今日では、民間部門に膨大なドル建てや円建ての資産が蓄積されており、それらの資産がより高い収益を求めて売買されている。今日では、このストックの資産(または、資本)取引が外国為替市場の取引の圧倒的な割合を占めている。そのため、政府・日本銀行の市場介入額は全体の取引額のごくわずかなものでしかなく、市場で決定される円・ドルレートに及ぼす影響は小さくなっている。

しかし、第5章で説明するように、変動相場制の下では、日本銀行は金利を引き下げる政策を採用することによって、円高を抑制することができる。日本銀行が円売り・ドル買い介入を実施すると、そのままでは、円が民間部門に流出するから、マネーサプライ(通貨供給量)が増加して、金利は低下する。しかし、この市場介入の目的が、短期的に円高が進みすぎることを抑制することにあり、金融を緩和することにない場合には、日本銀行は他方で、**売りオペ**(日本銀行が銀行に国債などを売却すること)によって、円売り・ドル買い介入によるマネーサプライの増加を相殺しようとする。これを日本銀行の**不胎化政策**(マネーを生まないようにするという意味)という。不胎化政策を伴う市場介入は、金利を低下させないから、為替レートに影響を及ぼすことはほとんど期待できない。

なお、円高については国内企業が海外に直接投資を通じて出ていってしまい、国内産業が空洞化するという点が憂慮されているが、この問題については、第8章で触れることにする。

4　内外価格差と為替レート

内外価格差とは何か

一九八〇年代半ばから急速に円高が進行するにつれて、日本の物価が主要国の物価に比べて高いという**内外価格差**が問題にされてきた。内外価格差は購買力平価及び為替レートと密接な関係があるので、ここで内外価格差はなぜ生まれるかという点を説明しておこう。

この章の第2節では貿易財で測った購買力平価について説明したが、ここでは**生計費で測った購買力平価**（以下、生計費の購買力平価という）を説明しておこう。いま日米両国で生計に必要な一定量のモノやサービスの入った買い物籠（マーケット・バスケット）を考え、そのマーケット・バスケット・バスケットの購入費を日米で比較すると生計費の購買力平価を求めることができる。例えばマーケット・バスケットの価格が日本で一五万円、米国で一〇〇〇ドルであるとすると、一〇〇〇ドル＝一五万円であるから、一ドル＝一五〇円になる。この関係を式で表すと表3・5(1)式のようになる。すなわち生計費の購買力平価とは、日本の生計費をドルで表示された米国の生計費で割ったものである。

ここで実際の為替レートを一ドル＝一〇〇円とすると、外国為替市場で一〇万円を一〇〇〇

表3・5　購買力平価と内外価格差

$$\text{生計費の購買力平価} = \frac{\text{日本の生計費}}{\text{ドル表示の米国の生計費}}$$

$$= \frac{150{,}000\ \text{円}}{1{,}000\ \text{ドル}}$$

$$= 1\ \text{ドル}/150\ \text{円} \qquad (1)$$

$$\text{円・ドルレート} = 1\ \text{ドル}/100\ \text{円} \qquad (2)$$

$$\text{円表示の米国の生計費} = \text{ドル表示の米国の生計費} \times \text{円・ドルレート}$$

$$= 1{,}000\ \text{ドル} \times 100\ \text{円}$$

$$= 100{,}000\ \text{円} \qquad (3)$$

$$\text{内外価格差} = \frac{\text{日本の生計費}}{\text{円表示の米国の生計費}}$$

$$= \frac{\text{日本の生計費}}{\text{ドル表示の米国の生計費} \times \text{円・ドルレート}}$$

$$= \frac{150{,}000\ \text{円}}{100{,}000\ \text{円}} = 1.5 \qquad (4)$$

$$\text{内外価格差} = \frac{\text{生計費の購買力平価}}{\text{円・ドルレート}} = \frac{150}{100} = 1.5 \qquad (5)$$

ドルと交換して、その一〇〇〇ドルで米国で日本と同じ生計を営むことができる。他方、日本での生計費は一五万円であるから、日本の生計費は米国での生計費の一・五倍に相当する。この日米の生計費の格差を、**生計費でみた内外価格差**という。

右に述べたことを式にまとめておくと、表3・5の(3)式以下のようになる。まずドル表示の米国の生計費を為替レートで円表示に直すためには、ドル表示の米国の生計費(一〇〇〇ドル)に円・ドルレートを掛ければよい。内外価格差は(4)式のように、日本の生計費を円表示の米国の生計費で割ったものであり、日本の生計費が米国のそれの何倍に相当するかを表している。(4)式の日本の生計費をドル表示の米国の生計費で割った実線で囲った部分は、(1)式から分かるように生計費の購買力平価である。したがって日米間の内外価格差は(5)式のように、生計費の購買力平価を実際の円・ドルレートで割ったものになる。

(5)式から、内外価格差は、①生計費の購買力平価が高くなるほど、②実際の円・ドルレートが低くなるほど(すなわち円高・ドル安になるほど)、大きくなることが分かる。

ＯＥＣＤ(経済協力開発機構)の推計によると、一九八六年の民間消費支出の購買力平価(民間消費支出はほぼ生計費に相当するから、これは生計費の購買力平価を表すと考えてよい。なお、以下で示す九二年は九〇年のＯＥＣＤの推計結果をもとに、旧経済企画庁(現在は内閣府)が延長推計したもの)は、一ドル＝二三二円であったのに対して、実際の円・ドルレートは一ドル＝一六九円であった。日米間の内外価格差は購買力平価を円・ドルレートで割ったものであるから、一・三七倍になる。すなわち、日本の生計費は米国の一・三七倍であったということである。

他方、九二年の購買力平価は二〇二円であるのに対して、円・ドルレートは一二七円であったから、内外価格差は一・五九倍になった。このように八六年に比べて九二年の内外価格差が拡大したのは、①購買力平価が低下したので内外価格差を縮める要因になったが、②実際の円・ドルレートが①の要因を相殺して余りあるほど大きく円高・ドル安に変化したためである。

同じようにドイツ、フランス、イギリスとの内外価格差をみると、それぞれ、九二年で一・二一倍、一・二八倍、一・四八倍となっており、日本の生計費が他の主要国に比べてかなり高いことが分かる。

一方、二〇〇八年の円の購買力平価は一一六円三二銭であったが、同年の平均的な円・ドルレートは一〇三円四一銭であったから、内外価格差は一・一二倍まで縮小した。この内外価格差縮小の大きな要因は日本の消費者物価が低い水準で安定していることにある。

長期的に為替レートが生計費の購買力平価から離れるのはなぜか

それでは、実際の為替レートはなぜ生計費で測った購買力平価から大きく離れるのであろうか。実際の為替レートは長期的には貿易財で測った購買力平価に近づく傾向があるのに対して、生計費で測った購買力平価の大きさを決めるものの中には、貿易されないモノやサービスが多く含まれている。例えば、日本で生産されたモノや輸入されたモノが消費者のもとに届くまでには、卸・小売りサービスや運送サービスなどが介在し、消費者はそれらのサービスに対するコストを負担しなければならない。したがって、これらはその分生計費を引き上げる要因となる。しかし、これらのサービスは外国から輸入することができない。これらは**非貿易財**と呼ばれる。同じように、散髪や医療サービス、電気、ガス、鉄道などのサービスも輸入できない非貿易財である。

生計費に含まれるモノを貿易財と非貿易財に分けると、生計費で測った日米の購買力平価は、日本の貿易財と非貿易財の価格の加重平均を同じく米国の加重平均で割ったものに等しい。それに対して長期的な為替レートは、日本の貿易財価格を米国のそれで割ったもの(貿易財で測った購買力平価)に等しくなる傾向がある。したがって、日本の非貿易財価格の貿易財価格に対する比率(これを**非貿易財の貿易財に対する相対価格**という)が、米国のその比率よりも大きくなると、生計費で測った購買力平価は貿易財で測った購買力平価よりも大きくなってしまう。

貿易財価格と非貿易財価格との格差をつくり出す要因は、貿易財部門と非貿易財部門との生産性の格差である。いま、日本の貿易財部門において生産性が上昇したとしよう。この場合、日本の貿易財部門の賃金は生産性の上昇を反映して高くなるであろう。しかし賃金の上昇は生産性の上昇よりも低いと考えられるので、日本の貿易財価格は低下し、それに伴って貿易財で測った購買力平価は低下する。長期的な為替レートは貿易財で測った購買力平価に近づくと考えられるので、長期的に実際の為替レートも低下する。

他方、日本の貿易財部門の賃金水準が高くなると、非貿易財部門から労働者がより高い賃金を求めて貿易財部門に移動し、新規の学卒も高い賃金を求めて貿易財部門に就職しようとするため、非貿易財部門では労働力が不足し、そこでの賃金水準も高くなる。ところが、非貿易財部門では生産性が上昇していないので、そこでの賃金の上昇は非貿易財価格を押し上げてしまう。これによって日本の非貿易財の貿易財に対する相対価格は、米国に比べて上昇する。生計費の購買力平価は、貿易財と非貿易財の加重平均値の日米の比率で定義されるので、日本の非貿易財の貿易財に対する相対価格が上昇すると、その分上昇することになる。

このように貿易財部門における労働生産性が非貿易財部門のそれに比べて高い国ほど、内外価格差が拡大する傾向がある。

経済企画庁『物価レポート93』は、日本では、耐久財産業は生産性が比較的高いため、耐久財の内外価格差は小さく、食料品や被服・履き物のような他の産業に比べて生産性の低いものの内外価格差は大きいことを示している。

規制による内外価格差

一九九〇年代前半まで、日本の内外価格差を大きくしていた主たる要因は、円・ドルレートが長期的に、貿易財部門の日米価格比率によって決まり、日本の貿易財部門における生産性の上昇率が非貿易財部門におけるそれよりも著しく高い点に求められる。したがって、内外価格差が生ずることには、やむを得ない側面が少なくない。しかし、やむを得ない要因以上に内外価格差を大きくした他の要因が存在していた。なかでも重要なものは各種の規制である。米、小麦、ミルクなどは貿易財であるにもかかわらず、輸入が制限されたり、高い関税が課されていたため、内外価格差を拡大させる要因になっていた。そのほか大豆やてんさい等に関する価格支持(安定)制度も、輸入されたこれらの財の国内価格を高め、内外価格差を拡大させた要因である。

また、非貿易財部門の規制が、その部門の企業間競争を制限しているために、生産性が向上せず、その分、国際競争にさらされている貿易財部門よりも価格が高くなっている場合がある。たとえば、かつての酒類販売や大規模小売り店舗規制などにみられる流通業(非貿易財部門)の規制は、これらの産業の競争を制限することによって価格を高める要因になっていた。

したがって、内外価格差を縮小して、円高の利益を消費者に還元するためには、競争を制限している各種の規制を緩和ないし撤廃する必要がある。

第4章　為替レートと国際収支

第3章では、変動相場制の下でどのように為替レートが決定されるかを説明した。一九七三年に変動相場制に移行した当時は、為替レートの調整によって経常収支の不均衡はなくなる(経常収支がゼロになる)と考えられていた。しかし、七三年以降の変動相場制の経験は、この考えが妥当しないことを示している。それでは為替レートと国際収支、とくに経常収支との間にはどのような関係があるのであろうか。この章ではこの点を長期と短期にわけて説明しよう。

1　長期的な経常収支決定のメカニズム

日米の長期的経常収支の動向

図4・1は、日本の経常収支と貿易・サービス収支のそれぞれの対GDP比と円の名目実効為替レートの推移を示したものである。

ここに、円の**名目実効為替レート**とは次のように定義される。日本は世界の多くの国と貿易などの経常取引をしている。したがって、経常収支と為替レートの関係を考えるときには、円と米ドルの間の為替レートだけでなく、他の経常取引相手国の通貨と円の為替レートも考慮する必要がある。図4・1の円の名目実効為替レートとは、日本銀行が発表している経常取引相

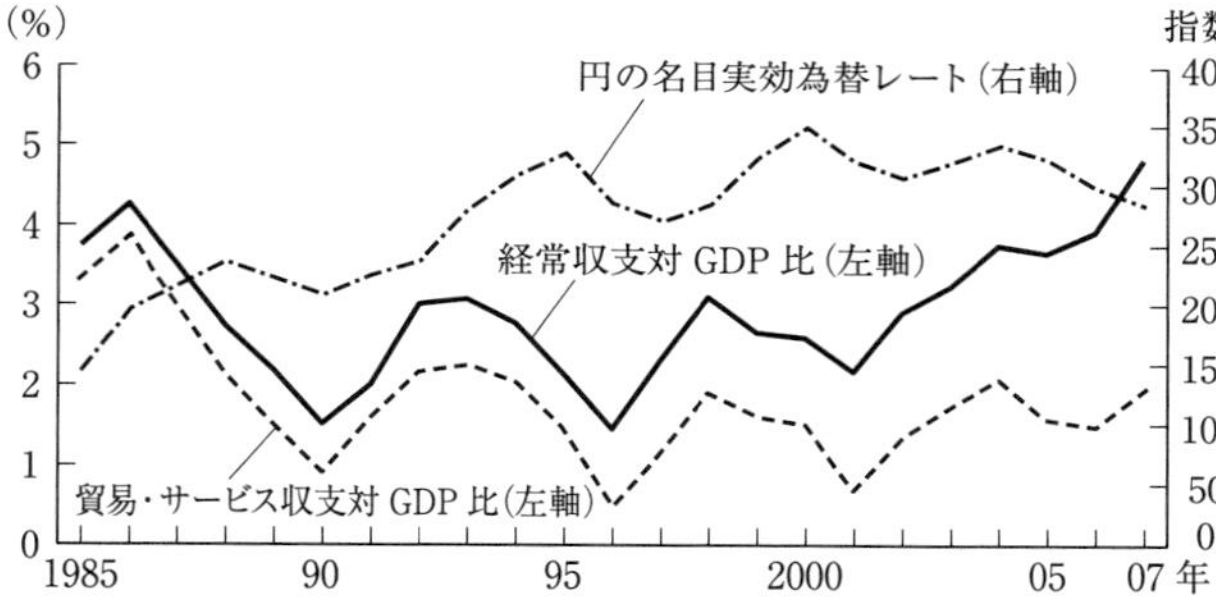

(資料) 国内総生産は OECD (経済協力開発機構) ホームページ．経常収支と貿易・サービス収支及び円の名目実効為替レートは日本銀行ホームページ．

図 4・1　日本の経常収支と貿易収支の対 GDP 比と名目実効為替レート

手国の通貨と円の為替レートを、日本の輸出全体に占める経常取引相手国への日本の輸出割合でウエートして合計した為替レートである。この名目実効為替レートは、外貨建ての為替レートである。例えば、新聞などで報道される円・ドルレートは、一ドル＝一〇〇円というように、一ドルの円価格で表示される。これは**邦貨建て円・ドルレート**である。それに対して、一ドル一〇〇円であれば、一円は〇・〇一ドルになる。この一円＝〇・〇一ドルは一円のドル価格を表しており、**外貨建て円・ドルレート**という。

ここで、邦貨建て円・ドルレートが一ドル＝一〇〇円から一ドル＝九〇円に低下するとしよう。この邦貨建て円ドル・レートの低下は円高を意味する。それに対して、このとき、外貨建て円・ドルレートは一円＝〇・〇一ドルから約一円＝〇・〇

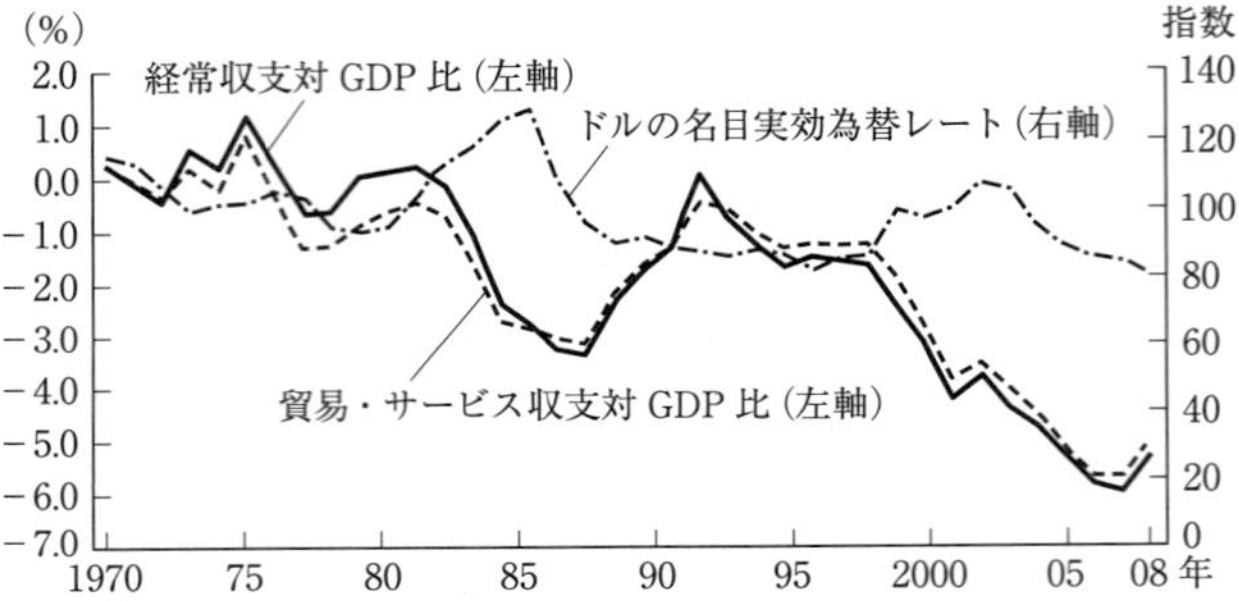

（資料）GDPと経常収支及び貿易・サービス収支はU.S. Department of Commerce. ドルの名目実効為替レートはBank for International Settlements

図4・2　米国の経常収支と貿易・サービス収支の対GDP比及びドルの名目実効為替レート

一ドルに上昇する。このように、外貨建て円・ドルレートでは、その上昇は円高を意味する。

以上のように、為替レートを外貨建てで表すと、邦貨建てと違って、その上昇は円高を、その低下は円安を意味することに注意しよう。

図4・1から、長期的に見ると、日本の経常収支の対GDP比は上昇傾向を示しているのに対して、円の名目実効為替レートは上昇傾向、すなわち、円の名目実効為替レートは円高傾向を示している。名目実効為替レートで見て、二〇〇七年は一九九〇年よりも一・五倍の円高になっているが、二〇〇七年の日本の経常収支の対GDP比は一九九〇年の三・二倍になっている。これは、「円高になると経常収支の対GDP比は低下する」という「常識」は成立しないことを示している。

一方、貿易・サービス収支の対GDP比は一九九〇年代以降、〇・五倍と二倍の間を変動しており、長期的に見ると、名目実効為替レートとの間に安定的な関係は見られない。

一方、ドルの名目実効為替レートは長期的に低下傾向にあるが、米国の経常収支と貿易・サービス収支の対GDP比は一九七〇年代以降、一時期を除いてマイナスで、その絶対値は上昇傾向を示している(図4・2)。

このように、日本の経常収支は一九八五年からほぼ二〇年間一貫して黒字で推移しているのに対して、米国の経常収支は三〇年以上にわたって赤字で推移している。日米両国についてこうした経常収支の黒字と赤字が長期にわたって続くのはなぜだろうか。この節では、このような長期的な経常収支の黒字・赤字が生ずるメカニズムを説明しよう。

家計簿の黒字・赤字との類似

第3章で説明したように、一九七三年の変動相場制への移行以来、円・ドルレートは趨勢的には低下傾向、すなわち円高・ドル安傾向が続いてきた。円の名目実効為替レートで見ても長期的に円高であり、ドルの名目実効為替レートはドル安傾向を示している。こうした長期的円高とドル安はそれだけを取り出せば、日本の経常収支を赤字化するか黒字を縮小する要因であり、逆に、米国の経常収支を黒字化するか赤字を縮小する要因であると考えられる。しかし、実際には、日本では経常収支と貿易・サービス収支の黒字が長期的に続き、逆に米国では経常収支と貿易・サービス収支の赤字が続いている。このことは、長期的に日米両国の経常収支と貿易・サービス収支の黒字・赤字をもたらすような為替レート以外の要因が存在していることをうかがわせる。

経常収支や貿易・サービス収支の黒字・赤字の長期的要因を考えるためには、家計簿が黒字または赤字になるのはなぜかを考えるのが有益である。

一年間の家計簿をみると、一方に給与所得を中心とする収入が記載されているのに対して、他方では、さまざまなモノやサービスに対する支出が記載されている。その場合、モノやサービスに対する支出が所得よりも少なければ、家計簿は黒字になる。家計はその黒字を現金で保有したり、一部を銀行に預金したり、さらに国債などの証券を買ったりする。したがって、家計簿が黒字であれば家計の金融資産などの資産保有額は増大する。それに対して、モノやサービスに対する支出が所得を超えると、家計簿は赤字になる。では、所得を上回ってモノやサービスに対して支出できるのはなぜだろうか。それは、一つには家計に過去からの蓄えが、定期預金や国債などの証券の形で貯蓄残高として存在するからである。家計は家計簿の赤字分を定期預金を解約したり、保有していた国債などの証券を売却したりして資金調達することになる。あるいは住宅の購入など高額なモノに対して支出する場合には、定期預金などの解約分では足りず、銀行などから住宅ローンを借りて賄うことになる。定期預金を解約すれば家計の金融資産保有額が減少し、銀行などから借り入れれば負債が増加する。家計の金融資産などの資産保有額から負債を差し引いた残高を**純資産**と呼ぶと、家計が赤字になる場合には家計の純資産は減少することになる。

一国の経常収支や貿易・サービス収支が黒字になったり赤字になったりするのも、右の家計簿の黒字・赤字のメカニズムと同じである。一国の場合には家計の所得に対応するものは**国内総生産**(ＧＤＰ)である。それに対して一国の居住者のモノやサービスに対する支出を**内需**という。家計簿の黒字・赤字と同じように、一国の居住者の支出の総額である内需が、国内総生産を超えれば一国の経常収支は赤字になり、逆に、内需が国内総生産の範囲内に留まっていれば経常収支は黒字になる。

一国の居住者のモノやサービスに対する支出(＝内需)が、その居住者が国内で生産した国内総生産を超えれば、その分は外国に輸出する以上に輸入して賄わなければならない。そのために、経常収支や貿易・サービス収支が赤字になるのである。逆に、一国の居住者の支出(＝内需)が国内総生産の範囲内に留まっていれば、その居住者が国内で生産したモノやサービスに関して余剰が発生するので、その分が輸入を超えて外国に輸出され、経常収支や貿易・サービス収支は黒字になる。

日米の内需の比較

右に述べたことを、国内総生産(GDP)に関する恒等式を用いて正確に説明しよう。表4・1の(1)、(2)および(3)は各々、国内総生産の恒等式、純輸出の定義式および内需の定義式である。これらの三つの式から、貿易・サービス収支はGDPから内需を控除したものに等しくなることが分かる。したがって、貿易・サービス収支は、GDPの方が内需よりも大きければ黒字になり、小さければ赤字になる。

内需は(3)に示されているように、民間消費、民間国内総投資、政府支出の三つの合計である。**民間消費**については特別に説明する必要はないと思われるが、自動車や家庭電化製品のような耐久消費財は民間消費に分類される。それに対して**民間国内総投資**は、個人や企業による工場や機械や事務所など、生産のために用いられる耐久的な財や住宅の購入のことをいう。ここに国内総投資とは、日本国内における総投資を意味し、海外で工場や事務所を建設したりする対外直接投資と区別される。**政府支出**は政府による財・サービスに対する支出であり、財政支出とも呼ばれる。公的年金の支払いもこの政府支出に含まれる。

(5)に示されているように、経常収支は貿易・サービス収支に所得収支と経常移転収支を加えたものである。(4)と(5)から(6)が得られる。(6)からGDPと内需の差に所得収支と経

表4・1　経常収支と国内総生産(GDP)の関係

GDP ＝ 民間消費＋民間国内総投資＋政府支出 ＋財・サービスの輸出－財・サービスの輸入	(1)
純輸出 ＝ 財・サービスの輸出－財・サービスの輸入 ＝ 貿易・サービス収支	(2)
内需 ＝ 民間消費＋民間国内総投資＋政府支出	(3)
貿易・サービス収支 ＝ GDP－(民間消費＋民間国内総投資 ＋政府支出) ＝ GDP－内需	(4)
経常収支 ＝ 貿易・サービス収支＋所得収支＋経常移転収支	(5)
経常収支 ＝ GDP－内需＋所得収支＋経常移転収支	(6)
貿易・サービス収支/GDP＝1－(民間消費/GDP ＋民間国内総投資/GDP＋政府支出/GDP)	(7)

常移転収支を加えたものが正であれば、経常収支は黒字に、負であれば、経常収支は赤字になる。

ところで、経常収支や貿易・サービス収支の黒字や赤字は、GDPが大きい国ほど大きくなる傾向があるので、ここでは、GDPとの比率で考えよう。ここでは、経常収支のうちの貿易・サービス収支に注目し、(4)の両辺をGDPで割ると(7)が得られる。(7)から、民間消費や民間国内投資や政府支出などの内需の対GDP比が上昇すれば、貿易・サービス収支の対GDP比はやがてマイナスになり、その絶対値は増大することが分かる。

表4・2は、一九九四年から二〇〇七年までの期間の日本と米国の各内需項目と経常収支の対GDP比の平均を百分率で示したものである。この表から次のような特徴が読み取れる。

①米国の民間消費の対GDP比は、日本のそれよりも一二・四ポイントも大きい。

②日本の民間国内総投資の対GDP比は、米国のそれよりも二・六ポイント大きい。
③日本の政府支出の対GDP比は、米国のそれよりも四・九ポイント大きい。
④米国の内需の対GDP比は、日本のそれよりも四・九ポイント大きい。

④の結果、日本の貿易・サービス収支の対GDP比は米国よりも四・九ポイント大きくなっている。すなわち、日本の貿易・サービス収支の対GDP比は一・四%であるのに対して、米国のそれはマイナス三・五%になっている。米国の内需の対GDP比を日本よりも四・九ポイント引き上げている基本的な要因は、米国の民間消費の対GDP比が日本に比べて一二・四ポイントも大きいことにある。言い換えれば、米国国民は自らが生産したGDPに比較して消費が多いために、その貿易・サービス収支は赤字になるのである。

表4・2　日米の内需と貿易・サービス収支の対GDP比の比較(%. 期間：1994–2007年)

	民間消費	国内総投資	政府支出	貿易・サービス収支
日本	56.4	18.9	23.3	1.4
米国	68.8	16.3	18.4	−3.5

(資料) 図4・1と図4・2に同じ.

右で、米国では、内需が国内総生産よりも大きいため、貿易・サービス収支は赤字になることを説明した。(5)から分かるように、仮に米国の所得収支と経常移転収支の合計が黒字であっても、その黒字が貿易・サービス収支の絶対額よりも大きくなければ、経常収支は赤字になる。米国の所得収支は一九六〇年代以降二〇〇七年まで、一貫して黒字である。しかし、米国は、軍事関係の援助などの政府による対外無償援助が多いため、経常移転収支は六〇年代以降、ほぼ一貫して赤字である。とくに、湾岸戦争終了後の一九九二年以降は、アフガン戦争、さらにイラク戦争と戦争が続いたため、経常移転収支の赤字幅は急拡大した。その結果、所得収支と経常移転収支の合計は、一時期を除き赤字で、湾岸戦争終了以降、その赤字は急増している。このように、米国は外国から受け取る雇用者報酬と対外資産の保有から受け取る利子・配当などの資産所得を得ているが、それ以上の対外的軍事支出によって、その国民所得を失っているのである。

結局、図4・2に示されているように、一九九〇年代初め以降、米国の経常収支の赤字が急激に増大している要因は、①国内総生産を大きく上回る内需と②軍事支出を中心とする大幅な経常移転支出に求められる。

米国の高消費・低貯蓄体質が経常収支赤字の要因

個人の可処分所得(個人の所得から税金や社会保険料を差し引いたもの)から消費を差し引いたものを**個人貯蓄**という。したがって、米国の民間消費率(民間消費の対GDP比)が高いこと

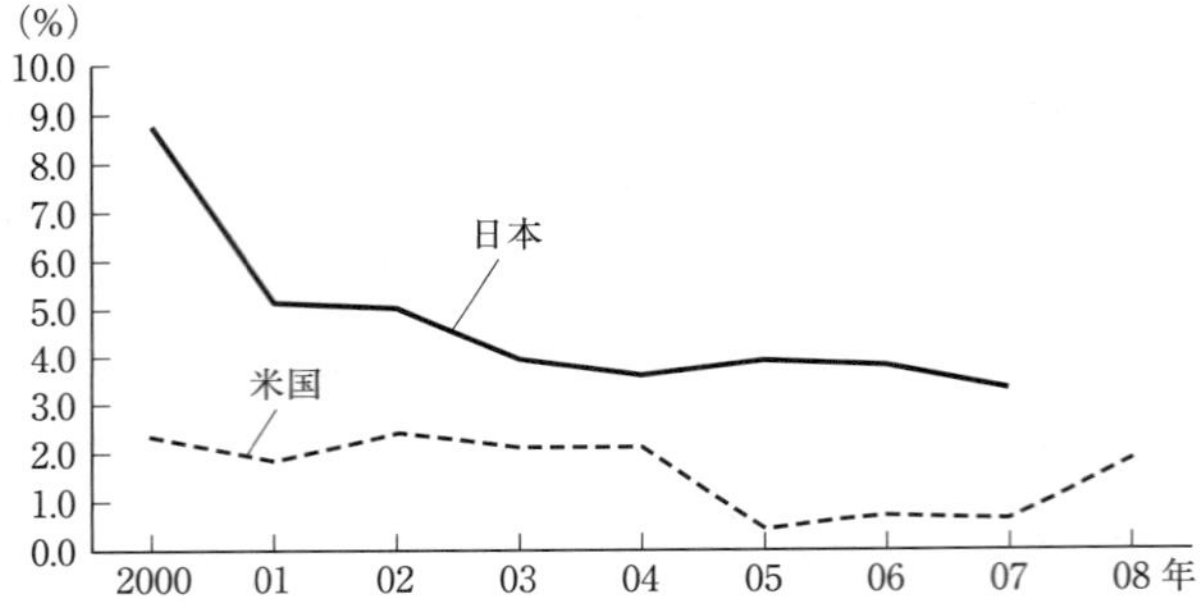

（注）2009年３月現在，日本の個人貯蓄率のデータは 2007 年までしか得られない．
（資料）日本は内閣府ホームページ．
米国は U.S. Department of Commerce ホームページ．

図４・３　日米の個人貯蓄率の推移

は、個人貯蓄率（個人貯蓄の可処分所得比）が低いことを意味する。図４・３は日米の個人貯蓄率の推移を示したものである。両国とも個人貯蓄率は低下傾向を示しているが、それでも二〇〇五年から二〇〇七年にかけて、日米の個人貯蓄率の間に約三ポイント程度の差が存在する。

結局、米国の経常収支の赤字が長期的に続いている主たる要因は、米国の高消費・低貯蓄にあるといえる。

米国の財政赤字も貿易・サービス収支赤字の要因

表４・２では、米国の政府支出の対ＧＤＰ比は日本よりも小さいので、米国の政府部門には貿易・サービス収支を赤字にする要因はなんら存在しないかのように見える。しかしこの点を正確に見るためには、政府収入と政府支出とを比較して

考えなければならない。

政府はその支出を賄うために民間部門から税金や社会保険料を徴収する。この徴収は政府が民間部門から購買力を吸い上げることを意味するから、それだけ民間部門の支出（＝内需）を抑制する要因である。言い換えれば、政府収入である税金と社会保険料とは内需を抑制し、経常収支が赤字ならばそれを縮小し、黒字ならばそれを拡大する要因になる。それに対して、政府支出は内需を増大させる要因である。したがって、政府部門が内需拡大要因になっているかどうかを見るためには、税・社会保険料収入などの政府収入から政府支出を差し引いた大きさを見なければならない。この大きさがプラスであれば、政府部門は差し引き内需を抑制していることになり、貿易・サービス収支の黒字要因になる。それに対して、この差がマイナスであれば、政府部門は差し引き内需を拡大させており、貿易・サービス収支の赤字要因になる。

政府収入から政府支出を差し引いたものを、**政府収支**または財政収支という。これがプラスであれば財政は黒字であり、マイナスであれば財政は赤字になる。財政が赤字の場合には、国や地方政府は国債または地方債を発行してその赤字を埋めることになる。

右に述べたことから、財政赤字は内需を拡大させるから貿易・サービス収支の赤字要因であり、逆に、財政黒字は貿易・サービス収支の黒字要因になる。図４・４は日本と米国の政府収支の対ＧＤＰ比の推移を示したものである。米国では、政府収支は一九九七年からの三年間は

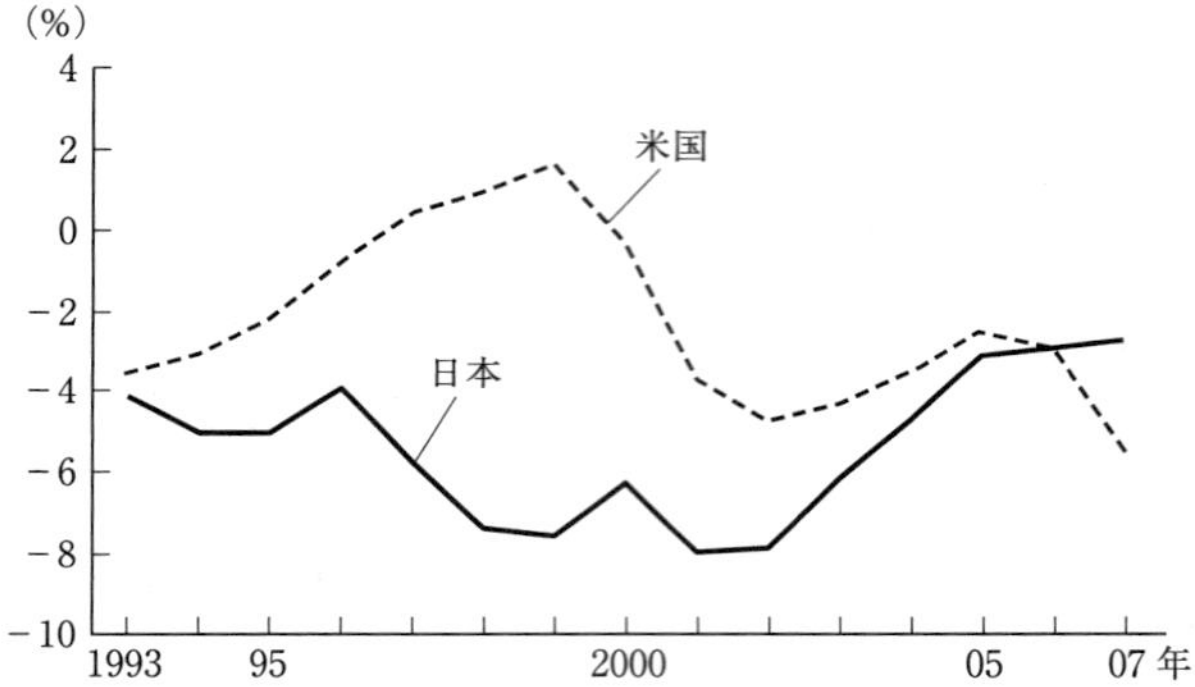

（資料）OECD, Economic Outlook83, June, 2008.

図4・4　日米の政府収支の対GDP比の推移

黒字であったが、それ以外の年は赤字で、二〇〇七年は景気対策のために、その赤字の対GDP比はマイナス五・五％に達した。このような米国の財政赤字は貿易・サービス収支の赤字要因になっている。

前項といま述べたことから、米国の長期的な貿易・サービス収支の赤字要因をまとめると次のようになる。

①民間部門が高消費・低貯蓄である。

②税金・社会保険料などの国民負担である政府収入に対して、政府支出が大きい。すなわち財政赤字が大きい。

③軍事支出などの経常移転支出が大きい。

したがって、米国の長期的な貿易・サービス収支の赤字を縮小させるには、民間部門が貯蓄率を引き上げ、財政赤字と軍事支出援助などの経常移転支出を削減する必要がある。財政赤字の削減のためには、税金・社会保険料の国民負担を引き上げるか、あるいは政府支出を抑制するか、その両方を実施するかしなければならない。

日本の財政と貿易・サービス収支の関係

他方、日本では、一九八七年度から九二年度までの間、政府収支は黒字になり、貿易・サービス収支黒字の一因であった。しかし、それ以後、長期にわたって経済が停滞したため、税収が減少する一方で、景気対策としての政府支出が拡大したため、政府収支は大幅な赤字が続いた。これは、日本の経常収支や貿易・サービス収支の黒字を抑制する要因になっている。

2　為替レートの経常収支調整機能

長期的には経常収支は名目実効為替レートの影響を受けない

この章の第1節で、長期的にみると、名目実効為替レートと経常収支や貿易・サービス収支との間には明瞭な関係がないことを、実際のデータで示した。これは、長期的にみると、次のような要因が働いて、貿易・サービス収支の大きさは長期的な国内総生産と内需との差に落ち着くからである。一方、所得収支と経常移転収支はともに名目実効為替レートの影響をほとんど受けないと考えられる。したがって、貿易・サービス収支が長期的に名目実効為替レートの影響を受けなければ、経常収支も長期的には名目実効為替レートの影響を受けなくなる。

この点を、簡単化のために、日米間の貿易取引だけを取り上げて考えてみよう。いま、円高・ドル安になったとしよう。この名目為替レートの変動により、日本の輸出は減少する一方、輸入は増加し、貿易・サービス収支の黒字(赤字)は減少(増加)し、日本の輸出産業と輸入競争産業(輸入品と競合する日本の産業)の収益は悪化するであろう。そうすると、日本の輸出企業や輸入競争企業は事業の再構築(**リストラクチャリング**。略してリストラ)に取り組み、徹底した合理化によって費用の節約に努めるであろう。また海外から安い原材料を輸入してそれで製品を作ろうとする。さらに、輸出産業や輸入競争産業での生産の停滞によって国内総生産の伸び率が鈍化すると、企業は過剰な労働力を抱えることになるので、賃金の上昇率も低下する。これらの要因が働くと、輸出産業はドル建て輸出価格をそれまでより引き下げても、採算がとれるようになる。同様にして、日本の輸入競争産業も外国からの輸入との競争力を回復する。かくて、円・ドルレートの低下(円高・ドル安)によって、短期的に、輸出が減り、輸入が増えても、長期的には、再び、輸出が増え、輸入が減って、日本の貿易・サービス収支の黒字は再び増加に転ずる。この過程で輸出産業も輸入競争産業も生産を拡大するため、過剰労働力も解消し、国内総生産は完全雇用の下での成長経路を再び歩むようになる。完全雇用成長経路の下では、日本の対米貿易・サービス収支の大きさはその成長経路における国内総生産と内需との差によって決まり、円・ドルレートによっては影響を受けなくなる。所得収支と経常移転収支の変化の合計は円・ドルレートの影響を短期的にも長期的にもほとんど受けないと考えられるので、長期的には経常収支も円・ドルレートの影響を受けないと考えられる。

実質実効為替レートによる貿易・サービス収支の調整

前項で述べたことは、長期的には、貿易・サービス収支と経常収支は名目実効為替レートの影響を受けないが、実質実効為替レートの影響は受けることを意味している。ここに、実質実効為替レートとは名目実効為替レートを自国の貿易財の価格と貿易取引相手国の貿易財の価格の相対比で調整したものをいう。貿易財とは輸出入される財・サービスをいう。

実質実効為替レートとは何かを分かりやすく説明するために、日本の貿易相手国は米国だけであるとし、両国はパソコンだけを貿易しているとしよう。日本の完全雇用における国内総生産と内需の大きさは一定であるとしよう。

当初(表4・3の(1))、日本経済は完全雇用の状態にあり、日本のパソコンの価格は一〇万円で、米国のパソコンの価格は一二〇〇ドルであるとする。邦貨建て円・ドルレートを一ドル＝一〇〇円とすると、外貨建て円・ドルレートは一円＝〇・〇一ドルになる。したがって、

表4・3　実質実効為替レートの数値例

	日本の パソコン	米国の パソコン	実質実効 為替レート
(1) 邦貨建て円・ドルレート　1ドル=100円	100,000円	1,200ドル	
外貨建て円・ドルレート　1円=0.01ドル			
外貨建てパソコン価格と日米の相対価格	1,000ドル	1,200ドル	0.833
(2) 邦貨建て円・ドルレート　1ドル=90円			
外貨建て円・ドルレート　1円=0.01111ドル			
外貨建てパソコン価格と日米の相対価格	1,111ドル	1,200ドル	0.926
(3) 邦貨建て円・ドルレート　1ドル=90円			
外貨建て円・ドルレート　1円=0.01111ドル			
日本のパソコン値下げ	90,000円		
外貨建てパソコン価格と日米の相対価格	1,000ドル	1,200ドル	0.833

日本のパソコンの外貨建て(ここでのケースでは、ドル建て)価格は一〇〇〇ドルになる。日本のパソコンの方が米国よりも二〇〇ドル安いが、日米のパソコンは質が異なるとしよう。そのため、日本人の中に、米国のパソコンが日本よりも高くても購入しようとする人が存在するであろう。その結果、日本はパソコンを米国に輸出するとともに、米国から輸入することになる。一円=〇・〇一ドルであれば、日米のパソコンの相対価格は一〇〇〇ドル対一二〇〇ドルであるから、約〇・八三三になる。この日米のパソコンの相対価格を円の**実質為替レート**という。それに対して、円の**名目為替レート**は邦貨建てで一ドルあたり一〇〇円、外貨建てで一円あたり〇・〇一ドルである。

次に、表4・3の(2)のように、円・ドルレートが一ドル=九〇円に低下し、円高・ドル安になったとしよう。これを外貨建てにすると、一円＝〇・〇一一一一ドルであるから、外貨建て円・ドルレートは〇・〇一ドルから上昇したことになる。つまり、外貨建て円・ドルレートが上昇すれば、円高・ドル安である。

日本の円建てのパソコン価格と米国のドル建てのパソコン価格が変化しなければ、この円高・ドル安によって、日本のドル建てパソコン価格は一一一一ドルに上昇するから、日米のパソコンの相対価格は〇・九二六に上昇する。定義により、この相対価格は円の実質為替レートであるから、円の実質為替レートは円の外貨建て名目為替レートの上昇とともに上昇する。このように、円の実質為替レートが上昇することは、日本のパソコンが米国に比べて高くなることを意味する。したがって、円の実質為替レートの上昇により、日本のパソコン輸出は減少し、米国からのパソコン輸入は増加し、その結果、日本の対米貿易・サービス収支は減少するであろう。

以上のようにして、米国の日本のパソコンに対する需要(すなわち、日本の対米パソコン輸出)が減少するばかりでなく、米国からのパソコン輸入が増加するため、日本国内での日本製パソコン需要も減少する。日本製のパソコン需要が減少すれば、その円建て価格は低下せざるを得ない。日本製パソコン需要の減少に合わせて、日本では国内総生産が減少し、失業は増加する。失業の増加により、賃金が低下すると、日本のパソコン製造会社も円建て価格が低下し

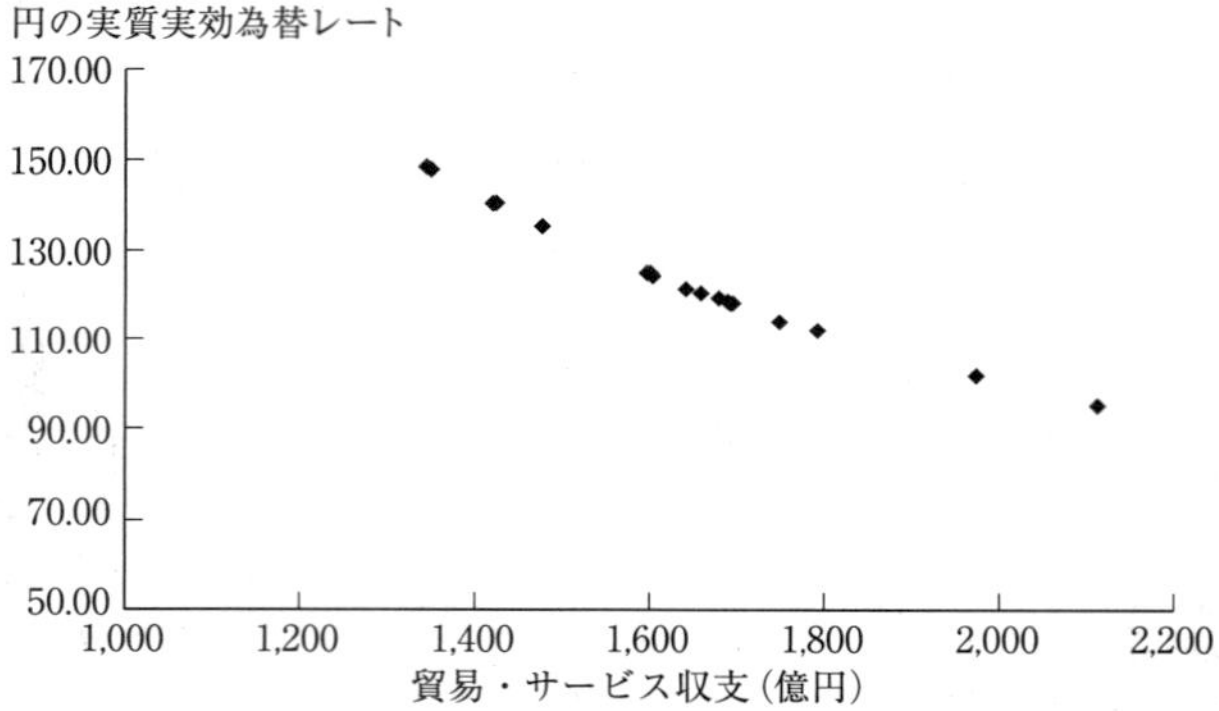

（資料）実質実効為替レートは日本銀行ホームページ．貿易・サービス収支は財務省ホームページ．

図4・5　円の実質実効為替レートと貿易・サービス収支(1990年から2007年)

ても、採算が取れるようになる。

表4・3の(3)では、日本のパソコンは九万円に値下げされている。このとき、一円＝〇・〇一一一ドルの外貨建て円・ドルレートの下で、日本のパソコンのドル建て価格は一〇〇〇ドルになるから、日米のパソコンの相対価格、すなわち、実質為替レートは(1)の〇・八三三に戻る。したがって、日本のパソコン輸出は増加し、米国からのパソコン輸入は減少して、(1)の状態に戻り、日本では、国内総生産が増加し、再び、完全雇用が達成される。この状況では、日本のパソコン価格と賃金の低下も止まり、国内総生産も変化しなくなるから、日本経済は均衡に達する。

以上のように、名目の為替レートが円高になると、短期的には、実質為替レートも円高になるため、貿易・サービス収支の黒字(赤字)は減少(増加)するが、長期的には、実質為替レートの低下という調整が働き、貿易・サービス収支は完全雇用水準の国内総生産と内需の差に落ち着く。

以上は、日本の貿易相手国が米国だけの仮説例であるが、実際は、日本は米国以外の多くの国とも貿易している。この点を考慮すると、円の実質為替レートは、名目実効為替レートを各貿易相手国との貿易財の相対価格で調整したものになる。このように調整された円の実質為替レートを円の実質実効為替レートという。

円の実質実効為替レートが低下すると、日本の輸出財は外国のそれよりも相対的に安くなる。そのため、貿易・サービス収支の黒字は増加すると考えられる。それでは、実際はどうであろうか。図4・5は、一九九〇年から二〇〇七年までの円の実質実効為替レートと日本の貿易・サービス収支との関係を示したものである。この図から、実際に、円の実質実効為替レートが低下すると、日本の貿易・サービス収支の黒字は増加することが分かる。

市場開放は日本の経常収支黒字を縮小するか

一九八〇年代半ばから一九九〇年代初めにかけて、日本の経常収支や貿易収支の巨額な黒字が国際的問題になった当時は、米国やヨーロッパでは、「日本の輸入が輸出に比べて少ないのは、日本の市場が閉鎖的であるためであり、市場を開放すれば日本の輸入は増大し、その経常収支の黒字も減少する」という主張が支配的であった。しかし、日本の輸入関税率と輸入数量制限品目数は当時すでに世界でも最低の水準であり、この点に関しては日本の市場は欧米に比べて決して閉鎖的とはいえなかった。

それに対して、当時、米国は日本市場へのアクセスを妨げる障壁は、通常の関税・非関税障壁ではなく、日本型資本主義独特の構造的特徴に根ざした**構造的障壁**であり、米国の伝統的な通商政策である**無差別の原理**(外国のモノでも国内のモノでも同様に扱うという原理)は日本の市場開放を進める上で、有効ではないと主張するようになった。ここに、日本型資本主義独特の構造的特徴とは、次のような構造を指している。すなわち、日本の企業はグループを形成して企業間取引をそのグループ内に限定し、グループ外の企業を取引から排除する。これは**系列取引**と呼ばれるが、このグループ内の取引をそのグループに属するメーンバンクが金融面で支えている(これを**メーンバンク制**という)。さらに日本の企業は株式を互いに持ち合って、外国企業が日本企業の株式を取得して日本企業を買収すること(外国企業による直接投資の一形態)を阻害している。このような、系列取引、メーンバンク制、株式持ち合い制などの市場を閉鎖的にする慣行は欧米にはみられず、その意味で日本は異質だというのである。

右のような日本の構造的特徴が、実際に日本の市場を閉鎖的にしているかどうかについては、学界を含めて意見が対立している。しかし、いずれにせよ、構造的障壁をはじめとする日本の輸入障壁が引き下げられても、次の理由により、日本の長期的な経常収支黒字は縮小しないであろう。

まず、輸入障壁が引き下げられたり、外国企業との取引が拡大したりすれば、当該の分野の輸入は増加するであろう。輸入が増える分野の国内産業では需要の減少に伴って生産も減少し、潜在的にも顕在的にも失業が生ずる。とくに日本では、いわゆる企業内失業という形での潜在的な失業が増えると考えられる。これにより国内総生産が減少し、それに伴って民間消費も減少するが、後者は前者ほどには減少しないので、民間国内総投資と政府支出が大きく変化しない限り、国内総生産と内需の差は縮小するから、日本の経常収支黒字は減少するであろう。

しかし、これは短期的な調整過程で起きる現象である。潜在的・顕在的失業者は、長期的には、いずれ他の分野の生産活動に吸収される。この吸収過程で労働に対する需要は輸入障壁が引き下げられる以前よりも減少しているから、賃金の伸び率が鈍化し、それにつれて労働が吸収された産業の生産物の価格も低下する。そのためこれらの産業の製品の国際競争力は増大するので、これらの産業の製品は従来からの輸入に取って代わる(したがって輸入が減る)か、輸出される。

このようにして、長期的に完全雇用の状態に復帰すると、輸出品と輸入品の構成は変化するが、貿易・サービス収支は輸入障壁が引き下げられたり、外国企業との取引が増加したりする以前の水準に戻ってしまう。

結局、市場開放が日本の長期的な国内総生産と民間消費・民間国内総投資・政府支出を変えない限り、日本の長期的な貿易・サービス収支や経常収支の黒字の大きさを変えることはない。ただし、このことは、市場開放を一層進めることが日本の消費者の利益になることを否定するものではないことに注意しよう。

第3章とこの章では、変動相場制における為替レートの決定と、為替レートが経常収支にどのような影響を及ぼすかという点について説明してきた。変動相場制の経験は二〇〇九年現在、約三六年になるが、変動相場制がどのように評価されるかについては、第8章で検討することにし、次の章では固定相場制と変動相場制における財政金融政策の効果の違いを説明しよう。

第5章　財政金融政策と国際金融

一九七三年に日本は世界の主要国と共に変動相場制に移行し、その後、国際間の資本移動に関して自由化を進め、一九八〇年には外国為替管理法を改革して国際間の資本移動をそれまでの原則規制から原則自由へと変更した。変動相場制と資本移動の自由化の下では、財政金融政策の効果は、固定相場制や国際間の資本移動が制限されていた時代とは大きく異なる。この章では、変動為替相場制と国際間の資本移動の自由化が財政金融政策の効果をどのように変えるかという観点から、財政金融政策と国際金融の関係を説明しよう。

1　財政政策と国際金融

公共投資乗数とその低下

景気が悪くなると、政府は公共投資をはじめとする財政支出(政府支出)を増やすことが多い。財政支出の増加は政府によるモノやサービス(以下では単にモノという)の購入の増加を意味するので、景気が悪いため売れなかったモノが売れるようになる。例えば公共投資によって橋が建設される場合には、橋をつくるための鉄鋼やセメントが売れるようになる。製鉄会社やセメント会社はその製品が売れるようになれば、生産を拡大しようとするであろう。この生産の拡

表5・1　経済企画庁のモデル別公共投資乗数

モデル	推定期間	公共投資乗数		
		1年目	2年目	3年目
パイロットモデル	1954年度-65年度	2.17	4.27	5.01
パイロットモデル SP-15	57年度-71年度	2.27	4.77	4.42
世界経済モデル第3次版	75年Ⅰ-84年Ⅳ	1.35	1.95	2.18
世界経済モデル第4次版	79年Ⅰ-88年Ⅳ	1.39	1.88	2.33

大によって、生産の拡大に関連した企業関係者の所得が増える。所得が増えた人々は、その一部を衣服や家電製品や自動車などの消費に向けるであろう。これらの消費が増えれば、家電や自動車メーカーは増産に踏み切り、それらの生産に関係する人々の所得が増大する。所得の増大した人々はやはりその所得の一部をさまざまなモノの購入に向ける。このようにして次々に消費が拡大していくことによって、生産と所得が増大して、景気が回復していく。

右のようにして、当初の財政支出の増加は、最終的にはその何倍かの国内総生産を生み出す。後者を前者で割った比率のことを一般に、**財政支出乗数**といい、財政支出が公共投資の場合には、**公共投資乗数**という。

それでは公共投資乗数はどの程度の大きさになるであろうか。表5・1は経済企画庁がマクロ経済モデルを用いて推定した公共投資乗数の値を示したものである。これによると公共投資乗数は一九五〇年代から七〇年代初めにかけては、平均的にみて、一年目で二・二、二年目で四・五、三年目で四・七であった。これは、かりにある年に一兆円の公共投資を実施すると一年目に二・二兆円、二年目に四・五兆円、三年目に四・七兆円、それぞれ国内総生産が増大することを意味する。これらはかなり大きな値であり、公共投資が景気を回復させる効果は相当大きなものであったといえる。

ところが一九七〇年代の半ばから八〇年代終わりにかけてのデータを用いた推計によると、公共投資乗数はそれまでの四割から六割も低下している。このように公共投資乗数が七〇年代の半ば以後それまでよりも大幅に低下したのはなぜであろうか。その要因を考えるにあたって、七三年から変動相場制に移行したことと、その後徐々に**資本の国際間移動の自由化**が進められ、一九八〇年の初めには新外国為替管理法が施行されて、為替取引がそれまでの原則規制から原則自由に転換したことが注目される。自由な国際間の資本移動とは、外国から自由に資金を借り入れたり、外国の債券や株式を自由に売ったり、買ったりできることをいう。

こうした変化が、公共投資乗数の低下の原因の一つであったと考えられるので、次にそのメカニズムについて説明しよう。

「変動相場制・自由な国際間の資本移動」の下での財政政策

変動相場制と資本が国際間を自由に移動することができる制度の下では、公共投資などの財政政策の効果は次のようになる。まず公共投資が増加すると、右で述べたような公共投資乗数効果が働いて、国内総生産が増大していく。国内総生産が増大する過程では、さまざまな取引が活発になるが、それらの取引を決済するためには貨幣が必要になる。企業などが取引に必要な貨幣を調達する一つの方法は、保有している国債などの債券を売って貨幣を手に入れることである。取引に必要な貨幣を手に入れるために債券を売る者が増えると、債券の価格(流通価格)は低下する。債券の価格が低下すると、その流通利回り、すなわち(長期)金利は上昇する(八八頁の表3・2の(3)に示されているように、流通利回りは債券の確定利子と一年あたり償還差益の和を流通価格で割ったものであるから)。このとき長期的にみた貿易財の購買力平価に変化がなければ、日本の期待実質金利が高まるため、日本の債券に投資することは米国の債券に投資するよりも今まで以上に有利になる。そのため、米国債投資から日本債投資への乗り換えが生じ、この乗り換えの過程で、外為市場ではドル売り・円買いが増加するので、円高・ドル安になる(第3章第3節参照)。第4章で説明したように、円高・ドル安になると、短期的には輸出額が減少し、輸入額は増加するので、経常収支の黒字は縮小していく。円高・ドル安により、日本の国際競争力が低下するため、輸出産業や輸入製品と競争しなければならない輸入競争産業は、共にその生産量の縮小を余儀なくされる。こうして公共投資による生産量の拡大効果は、円高・ドル安による輸出産業と輸入競争産業の生産量の縮小によって相殺されていく。

このように変動相場制と国際間の資本移動が自由な制度の下では、公共投資の増加による生産量の拡大を相殺する要因が働くため、公共投資乗数は低下するのである。表5・1に示されているように、一九七三年の変動相場制への移行と国際間の資本移動の自由化が進められるにつれて、公共投資乗数が低下したのは、右のようなメカニズムが作用し始めたことが一因であると思われる。それに対して八〇年代には、公共投資乗数の一層の低下はみられない。これは八〇年代の初めに、資本の国際間移動の自由化がほぼ完成し、その後の変化がないからであろう。

「固定相場制と国際間の資本移動が不完全」な下での財政政策

右では、変動相場制と国際資本移動が自由な制度の下では、公共投資のような財政支出が増加すると、金利が上昇して円高・ドル安になり、短期的には、経常収支黒字が縮小するという相殺要因が働いて、公共投資乗数は大きく低下することを述べた。それでは、ブレトンウッズ体制下のような固定相場制で、多くの国が国際間の資本移動を規制していた時代には、右のような相殺要因は働かなかったのであろうか。

一九五〇年代から六〇年代にかけての日本では、景気が後退して、国内総生産の伸びが低下するときには、輸出の伸びよりも輸入の伸びが大きく鈍化して、経常収支の赤字は縮小する傾向があった。この景気後退の局面で、政府が公共投資を増やすと、公共投資乗数効果が働いて国内総生産が増大し始める。この過程で、金融政策に大きな変化がなければ長期金利は上昇する。しかし五〇年代から六〇年代にかけては、長期金利が上昇しても、外国の居住者が日本の債券を購入したりすることには制約が課せられていたため、国際間の大きな資本移動が生じて円高・ドル安になることはなかった。

他方、公共投資の増加によって国内総生産の伸びが増大するにつれて、輸入の伸び率も上昇するが、景気回復の過程では、輸出がそれ以上の速さで増大したため、経常収支の赤字はさらに縮小し、黒字に転換していった。そのため、日本の外国為替市場では、輸出企業が獲得したドルの供給が、輸入企業のドル需要よりも大きくなるため、そのままにしておくと、円高・ドル安になる傾向があった。しかし固定相場制の下では、日本銀行はこの過剰なドルを買い取って、円・ドルレートを一定の水準に維持する義務があった。この日本銀行のドル買い介入によって、円高・ドル安は阻止されたため、経常収支の黒字の縮小は抑制され、その縮小が公共投資による国内総生産の増加を相殺するほどの大きさにはならなかったのである。

しかし、ブレトンウッズ体制下のイギリスやフランスがそうであったように、固定相場制の下でも、高い失業率と経常収支の赤字とが並存し、かつ、国際間の資本移動が規制されている経済では、財政政策によって失業率を引き下げようとすると、経常収支の赤字が拡大して、固定相場を維持できなくなるという矛盾に陥る。一九七三年に主要国が変動相場制の採用に踏み切った大きな要因の一つに、この矛盾から逃れるという点があった。この点の詳細については、第7章第2節(一九一～一九二頁)で説明する。

2　金融政策と国際金融

固定相場制の下での金融政策

一九五〇年代から六〇年代にかけての固定相場制の時代には、日本銀行は一ドルを三六〇円の上下一％以内に固定する義務があった。この制度の下では、日本の景気が拡大して生産を増やすための原材料や機械などの資本財の輸入が増えると、経常収支は赤字になる傾向があった。経常収支の赤字は日本の外国為替市場で、輸入代金であるドルに対する需要が輸出業者のドル供給を超過することを意味するから、そのままでは円・ドルレートは上昇して、円安・ドル高になってしまう。しかし、固定相場制の下では、円・ドルレートの上昇は一ドル＝三六〇円の一％が限度になる。そこで、日本銀行は円・ドルレートが上昇する場合には、手持ちの外貨準備であるドルを市場に供給して、円・ドルレートの上昇をこの一％の範囲におさめなければならない。すなわち、外国為替銀行のドル需要に対して一ドル＝三六三・六円(三六〇円から一％

上昇した値)でドルを無制限に供給しなければならないわけである。

しかし、日本銀行が保有している外貨準備のドルには限度があるから、ドルを無制限に供給することは不可能である。そこで日本銀行は、一方で、民間のドル需要を抑制し、他方で、民間のドル供給を増やすような政策を採らなければならない。

当時、資本の国際間移動は制限されていたから、輸入業者のドル需要を満たすために外国からドルを自由に借りてくることはできなかった。そこで、ドル需要を抑制するためには、輸入の増加を抑え、他方、ドル供給を増やすためには、輸出を増やす必要があった。また輸入の増加を抑えるためには、生産の増加率を落とす必要があった。なぜならば生産の増加率を抑制すれば、生産のために必要な原材料や石油や機械などの輸入の増加を抑えることができるからである。固定相場制時代には、この生産の増加率の抑制は金融引き締め政策によって達成された。

このように固定相場制時代の日本は、好況が続くと、やがて経常収支が赤字になるので、固定相場を維持するために金融を引き締めて、経済成長率を落とさざるを得なくなるというパターンを繰り返した。これは、経常収支の赤字によって経済成長率の上限が画されるという意味で、「**国際収支の天井**」と呼ばれた。

ところが一九六五年以降になると、日本経済は「いざなぎ景気」の下に経常収支の黒字が定着して、景気が拡大しても経常収支が赤字になることはなくなってしまった。景気が拡大しているときに経常収支の黒字も拡大すると、外国為替市場では、輸出代金に基づくドルの供給が、輸入代金であるドルの需要よりも上回ることになり、そのままでは円高・ドル安になってしまう。そこで日本銀行は、円・ドルレートの低下を一ドル＝三六〇円の一％以内におさめるために、外国為替市場でドルを購入することになる。日本銀行はドルの購入代金を円で支払うから、この過程で日本銀行券や民間の円預金などの貨幣が増大する。このように景気が拡大していく局面で市場に流通する貨幣が増加し続けると、やがてインフレに結びつくことになる。

一九六〇年代の終わりから七〇年代の初めにかけて、日本は景気拡大と共に経常収支の黒字も拡大したため、固定相場制を維持する必要から、右に述べたような金融政策を運営せざるを得ず、貨幣供給量が過大になり、インフレを甘受しなければならないという事態に直面した。このことが七〇年代の初めに日本が固定相場制を放棄して、変動相場制を採用することになった大きな要因の一つである。

右に述べたことは、固定相場制の下では、日本銀行は経常収支から独立に金融政策を運営できないということであるが、このことはまた第7章で説明するように、国内の雇用の安定や物価の安定(これを、**国内均衡**という)のために、金融政策を使うことができず、固定相場を維持するために金融政策を割り当てなければならないということを意味する。つまり、固定相場制の下では、金融政策は国内経済の安定のために使えなくなり、**金融政策の独立性**が失われるということである。

変動相場制の下での金融政策

それに対して、資本の国際間移動が自由な変動相場制の下では、金融政策は国内経済の安定のために割り当てることができるようになる。例えば日本が景気後退に陥った場合には、金融を緩和して金利を引き下げ、景気の回復を図ることができる。すなわち、金融緩和により日本の長期の期待実質金利が低下すると、資本の国際間の移動が自由であれば、米国の証券に投資することが日本の証券に投資するよりも有利になるため、日本の証券から米国の証券への乗り換えが起きる。この乗り換えの過程で円売り・ドル買いが増えるので、変動相場制の下では円安・ドル高になる(第3章第3節参照)。これは短期的には、輸出を拡大させ、輸入を減少させて、経常収支の黒字を増やす要因になる。輸出が伸び、輸入が減少すると、輸出産業と日本の輸入競争産業の生産は共に拡大するため、国内総生産は拡大し、それに伴って雇用量も増大し、景気が回復していく。これが変動相場制の下で、かつ国際間の資本移動が自由な場合の金融政策による景気回復のメカニズムである。

逆に、景気が拡大し過ぎてインフレになる場合には、日本銀行は金融を引き締めて金利を引き上げる。日本の金利が上昇すると、円高・ドル安となって、短期的には日本の輸出は抑制され、輸入が増大するため、輸出産業と輸入競争産業の生産の伸び率は共に鈍化し、景気拡大の行き過ぎが抑制されて、インフレを防ぐことができる。

このように、変動相場制で国際間の資本移動が自由な場合には、金融政策は国内経済の安定、すなわち雇用の安定と物価の安定のために割り当てることができるようになるという意味で、金融政策を経常収支から独立に運営することができるようになるのである。

国際金融と財政金融政策のまとめ

この章で述べたことをまとめると次のようになる。

（1）固定相場制で国際資本移動が制約されている場合には、財政政策は景気対策として有効であるが（ただし、不況下の経常収支が黒字の場合）、金融政策は経常収支から独立に運営することができず、国内経済の安定のために割り当てることはできなくなる。

（2）変動相場制と国際資本移動が自由な経済の下では、財政政策の景気対策としての有効性は低下するのに対して、国内経済を安定化させる（景気後退を防止して景気を回復させ、雇用を増やしたり、物価を安定させたりすること）上での金融政策の有効性は増大する。

これらの点を最初に明らかにしたのはロバート・マンデルとマーカス・フレミングであるので、この理論を**マンデル・フレミング・モデル**という。

第6章　為替リスクとデリバティブ

——先物為替・オプション・スワップ——

変動相場制の下では、輸出入業者や機関投資家などは、外貨建ての債権や債務を負うことによって、将来の為替レートの変化による為替リスクを負担することになる。そこで、為替リスクを回避するさまざまな手段が開発されて、貿易や資本移動がスムーズになるように工夫されている。この章では、為替リスクを回避する代表的な手段として、先物為替予約、通貨スワップ及び通貨オプションについて説明しよう。

なお、これらの金融取引は、ある金融取引から派生した金融取引という意味で、派生的取引(デリバティブ。Derivative)と呼ばれる。

1　先物為替と為替リスク

為替リスクとその回避手段

第3章第3節で、日本の投資家が米国国債を購入するときには為替リスクがつきまとうことを述べた。このような自国通貨と外国通貨との交換を伴う取引には、為替リスクが存在する。

例えば、日本の輸入業者は、通常、ドル建てで輸入を契約しているから、決済のためには、円でドルを購入しなければならない。いま、ある輸入業者が三カ月後に一万ドルの輸入代金を支払う契約を結んでいるとしよう。しかし、三カ月後に一万ドルの輸入代金を支払うために、その時いくらの円が必要になるかは、三カ月後の直物為替レートに依存するので、現在は分からない。このように、為替レートが分からぬままに取引しなければならないことが、為替リスクに他ならない。

この為替リスクのために次のような問題が生ずる。すなわち、例えば仮に、右の例における輸入代金一万ドルが円ベースで一〇〇万円であればぎりぎり採算がとれるとしよう。したがって、三カ月後の円・ドルレートが一ドル＝一〇〇円を超えて、円安・ドル高になる場合には、一万ドルの輸入代金は円ベースで一〇〇万円を超えてしまうから、この輸入契約は日本の輸入業者にとって採算がとれなくなってしまう。

他方、実際の日本からの輸出の約三分の二はドル建てである。いまかりに、ある日本の輸出業者が三カ月後に一万ドルの輸出代金を受け取るという契約を結んでいたとしよう。この場合にも三カ月後に受け取るドル建ての輸出代金が円ベースでいくらになるかは、三カ月後の直物の円・ドルレートに依存する。ドル建て輸出のケースでは、円・ドルレートがある水準を下回って円高・ドル安になれば、輸出は採算割れになってしまう。この意味で、ドル建ての輸出にも為替リスクが存在する。

右の二つは貿易取引における為替リスクであるが、日本の投資家が米国国債を買うという資本取引の場合にも、第3章で述べたように為替リスクが存在する。また、日本の輸入業者がドル建ての輸入代金を支払うために、ドルを借りる場合にも、そのドルを返済するときに、いくらの円で返済すべきドルが購入できるかが分からないため、為替リスクが存在する。

このように自国通貨と外国通貨との交換を伴う取引には為替リスクが存在するが、それを回避する手段には次のようなものがある。

（1）マッチングまたはマリー　これは外貨建て債権・債務を組み合わせて相殺する方法であり、商社などの輸出と輸入がある程度バランスしている企業によって採用されることが多い。例えば商社の場合、一方で三カ月後に一〇万ドルの輸出代金を受け取り、他方で同じく三カ月後に一〇万ドルの輸入代金を支払わなければならないといったことが生ずる。この場合には三カ月後に受け取る一〇万ドルの輸出代金をそのまま輸入代金にあてればよく、円とドルとの交換をせずに済むので、為替リスクが回避できるわけである。

（2）先物為替予約　将来、ドルなどの外貨での受け取りや支払いが予定されている場合、先物為替予約（単に、先物予約ともいう）を銀行と結ぶことによって為替リスクを回避する。この方法については、この節で詳細に説明する。

（3）一方で外貨で借り入れ（対外債務を負う）、同時に、外貨で預金したり債券を購入したりする（対外債権を持つ）ことによって為替リスクを回避する。例えば、日本企業がドル建ての対外債務を負っており、それを返済する時点で、直物レートが円安・ドル高になると、より多くの円で返済のためのドルを購入しなければならないので、損失を被る。しかし、同時にドル預金やドル建ての証券のようなドル建て債権に投資しておけば、その債権については円安・ドル高による利益が得られるので、対外債務の為替損失を相殺できる。逆に、円高・ドル安になる場合には、対外債務について得られる為替利益によって、対外債権について被る為替損失を相殺できる。

（4）通貨オプションを利用する（この章の第2節参照）。

（5）通貨スワップを利用する（この章の第3節参照）。

先物為替予約

為替リスクを回避する手法のうち、最も広く利用されているものは先物為替取引である。これは**先物為替予約**とも呼ばれる。

先物為替取引についてはすでに第1章で定義しておいたが、ここで改めてその定義を示しておこう。

先物為替取引（先物為替予約）とは、将来の特定の日に、異なる通貨をいくらで売買するかという契約を、現在結んでおき、特定の日に契約を履行する取引をいう。

具体的には、例えば三カ月後に一ドルを一〇〇円で買う、あるいは売るといった契約を、現在結ぶ取引が先物為替取引である。この場合の先物を三カ月先物という。

例えば前項で述べた例で、三カ月後に一万ドルの輸出代金を受け取る契約を結んだ輸出企業を考えよう。かりに三カ月先物の円・ドルレートが、一ドル＝一〇〇円であるとすれば、この輸出企業は三カ月後に受け取る予定の輸出代金一万ドルを、一ドルあたり一〇〇円で売るという**先物為替売り予約**（先物売り予約ともいう）を銀行と結ぶことができる。この先物売り予約では先物のドルが売られているので、この取引を**先物ドル売り**という。三カ月後に輸出企業は、一万ドルの輸出代金を一ドルあたり一〇〇円で銀行に売って、一〇〇万円の円を手に入れることになる。

このように輸出企業は先物売り契約を結ぶことによって、将来受け取るドルの円で測った価値を、現在時点で確定することができる。もしもこのような先物売り予約を結ばなければ、輸出企業は三カ月後に受け取った一万ドルを、三カ月後の直物の円・ドルレートで交換して円を手に入れることになる。この取引を**直物ドル売り**という。かりに三カ月後の円・ドルレートが九〇円であれば、輸出企業の受け取る円は九〇万円になり、先物売り予約を結ばなかった場合よりも一〇万円の損失を被る。ただし、かりに三カ月後の直物の円・ドルレートが一一〇円のように円安・ドル高になれば、三カ月後に一万ドルを売ると一一〇万円になるので、現在、先物売り予約を結ぶ場合よりも一〇万円得することになる。

このように先物売り予約を結ばない場合には、それを結んだ場合よりも損することもあれば得することもある。しかし、企業が円建ての取引採算を事前に確定しておきたいと思う場合には、先物売り予約を結ぶことを選択することによって、為替レートの変動に伴って円ベースの採算が変動するという意味での為替リスクを回避できる。なお、輸出企業が先物為替予約を結ぶことを、**輸出予約**という。

他方、三カ月後に一万ドルの輸入代金を支払うことを契約した輸入業者が、為替リスクを回避したいと思う場合には、現在、三カ月先物でドルを買う契約を結んでおけばよい。これを一般に**先物為替買い予約**(先物買い予約ともいう)と呼び、輸入業者によるその予約を**輸入予約**という。輸入業者はこの輸入予約によって、三カ月後に必要な一万ドルの輸入代金の円決済代金を、現在、確定することができる。

右のようにして為替リスクを回避することを、**為替リスクのヘッジ**という。

外貨建て証券投資における為替リスクのヘッジ

第3章第3節で、日本の投資家が米国国債のようなドル(建て)債に投資する場合には、将来の直物の円・ドルレートが分からないので、為替リスクが存在することを示した。そこでここ

表6・1　先物でカバーされないドル債投資

取　引	キャッシュ・フロー	
	現　在	3カ月後
(1)1ドル=100円の直物レートで97ドル購入	−9,700円 97ドル	
(2)米国政府短期証券購入	−97ドル	
(3)米国政府短期証券償還金受け取り		100ドル
(4)償還金を3カ月後の直物レートで売って円に換える		−100ドル (a)1ドル=96円のケース 9,600円 (b)1ドル=102円のケース 10,200円
合　計	−9,700円	(a)9,600円または(b)10,200円

では、ドル債投資における為替リスクを先物取引を組み合わせることによって回避する方法について述べておこう。

表6・1は先物取引によって為替リスクを回避しない場合のドル債投資におけるキャッシュ・フローを示したものである。**キャッシュ・フロー**とは、現金または預金の流入と流出のことをいう。この表では、日本の投資家が、三カ月後に米国政府によって一単位あたり一〇〇ドルで償還される米国の政府短期証券に投資する場合が示されている。この証券の現在の流通価格を九七ドルとしよう。米国政府短期証券には利子が付いていないが、このように利子の付かない証券を**割引債**という。この割引債に投資することによる収益は、償還金額一〇〇ドルから現在の流通価格九七ドルを差し引いた三ドルの償還差益に等しい。

さて、現在の直物の円・ドルレートを一ドル＝一〇〇円とし、日本の投資家が米国政府短期証券を一単位購入する場合を考えると、投資家は九七〇〇円で九七ドルを購入し、その九七ドルで米国政府短期証券を一単位購入することになる。以上が表6・1の(1)から(2)までに示された数値の意味である。

投資家は三カ月後に一〇〇ドルの償還金を受け取って、それを三カ月後の直物レートで売って円に換える。かりに三カ月後の直物レートが、(a)一ドル＝九六円であれば、投資家は一〇〇ドルを売って九六〇〇円を手に入れる。他方、三カ月後の直物レートが(b)一ドル＝一〇二円であれば、投資家は一〇〇ドルを売って一万二〇〇円を手に入れることができる。

かりに三カ月後の直物レートが(a)か(b)かのいずれかであれば、投資家は現在九七〇〇円の投資で、三カ月後に(a)九六〇〇円か(b)一万二〇〇円を受け取ることになる。

このように先物取引をしない場合には、将来の投資価値は将来の直物レートが一ドル＝九六円になるか一ドル＝一〇二円になるかによって、九六〇〇円になったり、一万二〇〇円になったりするという意味で、投資家は為替リスクを負うことになる。

それに対して表6・2は、先物取引を組み合わせることによって、ドル債投資における為替リスクをヘッジした場合のキャッシュ・フローを示している。表6・2の(1)から(3)までは表6・1と全く同じである。しかし表6・1では、三カ月後に受け取る償還金を三カ月後の直

表6・2　先物でカバーされたドル債投資(ヘッジ・ボンド)

取　引	キャッシュ・フロー	
	現　在	3カ月後
(1) 1ドル＝100円の直物レートで97ドル購入	－9,700円 97ドル	
(2)米国政府短期証券購入	－97ドル	
(3)米国政府短期証券償還金受け取り		100ドル
(4)償還金を1ドル＝99円の先物レートで現在売る(先物売り予約)		－100ドル 9,900円
合　計	－9,700円	9,900円

物レートで売って円に換えているのに対して、表6・2では三カ月後に受け取る償還金を一ドル＝九九円の先物レートで、現在、売るという先物売り予約を結んでいる点で異なっている。このケースでは、三カ月後の直物レートがいくらであるかにかかわらず、投資家は三カ月後に受け取る一〇〇ドルの償還金を一ドルにつき九九円で売って、確実に九九〇〇円を手に入れることができる。したがって、この先物売り予約が組み合わされた投資においては、現在九七〇〇円だけドル債に投資して三カ月後に確実に九九〇〇円を手に入れることができるという意味で、為替リスクが回避されている。

このように先物売り予約によって為替リスクを回避することを、**先物でカバーする**とか**先物でヘッジする**とかいう。このような先物でカバーされたドル債投資のことを、一般的に**ヘッジ・ボンド**と呼んでいる。ボンドとは債券の意味である。

右では償還までの期間、すなわち満期が一年以下の短期のドル債投資の場合について説明したが、満期までの期間が一年を超えるドル建ての長期債券に投資する場合には、毎年ドル建ての確定利子が支払われる。したがって、その場合には為替リスクを回避するために、満期までの間に支払われるドル建ての利子についても先物売り予約を結ぶ必要がある。最近は、常時五年先までの先物取引市場が存在するので、満期までの期間が五年以内であれば、投資家は毎年受け取る利子と満期における償還金のすべてについて、先物でカバーして為替リスクを回避することが可能になっている。

なお右では先物でカバーされたドル債投資について述べたが、実際のドル債投資が常に先物でカバーされているわけではない。表6・1のような先物でカバーされないドル債投資の場合には、九七〇〇円の投資で三カ月後の直物レートが一ドル＝九六円のように円高・ドル安になれば九六〇〇円しか受け取ることができないが、一ドル＝一〇二円の円安・ドル高になれば、一万二〇〇円を手にすることができる。したがって、表6・2のように常に三カ月後の投資価値を九九〇〇円に確定するよりも、一万二〇〇円のようなチャンスに賭けようとする投資家は、先物でカバーされないドル債投資を選択することになる。このように先物でカバーせずに、為替リスクを積極的に負担する投資のことを、「為替投機」という。なお為替投機に関しては、後(一六三～一六六頁)に詳しく取り上げることにする。

また、表6・2に示されているように、一方で直物レートで円を売ってドルを買うと共に、他方で先物レートでドルを売って円を買うというように、直物と先物とを逆方向に売買する取引を**スワップ取引**という。スワップとは交換の意味である。それに対して輸出予約や輸入予約のように、直物の逆方向の売買を伴わない先物取引を**アウトライトの先物取引**という。同じく表6・1のように、先物取引を伴わない直物取引を**アウトライトの直物取引**という。

輸出金融と先物ドル売りによる為替リスクのヘッジ

第2章第2節で銀行の輸出金融について述べたが、その場合には、銀行はドル建ての輸出代金の受け取りというドル建て債権を保有することになるので、そのままでは為替リスクを負担することになる。その場合、銀行が為替リスクを回避するには二つの方法があるが、ここでは先物取引を利用して為替リスクを回避する場合について説明しておこう。

図6・1は、銀行が輸出業者Aから一覧後六カ月払いのドル建て期限付き輸出手形を買い取る場合に発生する為替リスクを、先物のドル売りによって回避する方法を示したものである。一覧後六カ月払いとは、決済日が六カ月後であることを意味する。この輸出手形を買い取った銀行Xは、六カ月後に輸出代金を受け取ることになるが、為替レートの変動による為替差損を被ることを回避するために、次のような資金操作を行う。まず銀行Xは銀行間外国為替市場で、

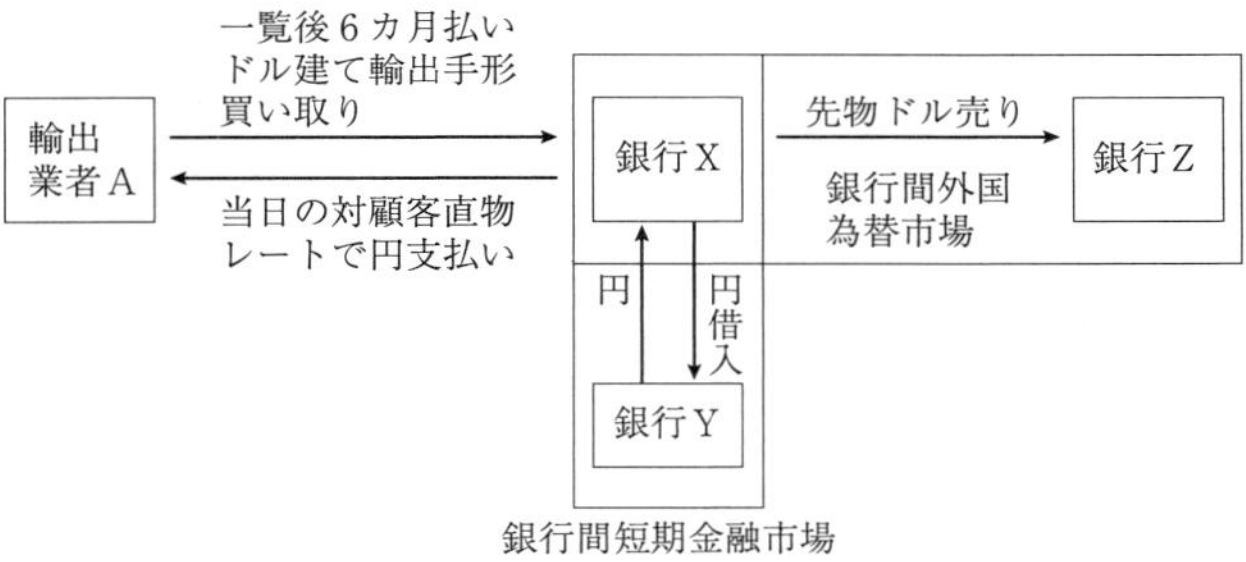

図6・1　銀行の輸出金融と先物ドル売りによる為替リスクのヘッジ

銀行Zに六カ月先物のドルを売るという契約を結ぶ。銀行Xは同時に、銀行間短期金融市場(インターバンク・マネーマーケットともいう)で銀行Yから輸出業者Aに支払うための円を借り入れる契約を結ぶ。

表6・3は、図6・1に示された取引における銀行Xのキャッシュ・フローを示したものである。この表では、輸出業者Aから買い取った輸出手形の額面価格は一〇〇ドルである。額面価格とは、六カ月後に輸出代金として受け取る金額のことをいう。銀行Xはこれをそのときの対顧客の直物レートである一ドル＝九八円で買い取ったとすると、銀行の現在のキャッシュ・フローはマイナス九八〇〇円になる。銀行Xは銀行間短期金融市場でこの九八〇〇円を銀行Yから借り入れて調達する。

他方で銀行Xは(3)に示されているように一ドル＝九九円の先物レートで、一〇〇ドルの先物ドル売り契約を銀行Zと結ぶ。

表6・3　銀行の輸出金融と先物ドル売りのキャッシュ・フロー

取　引	キャッシュ・フロー	
	現　在	6カ月後
(1)輸出手形買い取り（1ドル＝98円）	−9,800円	
(2)円借り入れ	9,800円	
(3)先物ドル売り（1ドル＝99円）		−100ドル 9,900円
(4)米国輸入業者から受け取り		＋100ドル
(5)円借入金返済		−9,900円

さて六カ月経つと、銀行Xは銀行Zとの先物ドル売り契約を履行する。この場合一〇〇ドルを九九〇〇円で売ることになるから、六カ月後の先物ドル売り契約によるキャッシュ・フローは、〔一〇〇ドルの売り＝マイナス一〇〇ドル、九九〇〇円の受け取り＝プラス九九〇〇円〕の組み合わせになる。先物ドル売りにおいて銀行Zに渡す一〇〇ドルは、米国の輸入業者から支払われる一〇〇ドルの輸入代金によって充当される。また、銀行Xは銀行Yから円を九八〇〇円借り入れていたが、その返済金である元利合計を九九〇〇円とすると、この返済には先物ドル売りによる収入九九〇〇円があてられる。

右の取引によって銀行Xは輸出金融のための円資金を調達するとともに、輸出金融から生ずる将来のドル建て債権保有に伴う為替リスクを先物ドル売りによって回避しているわけである。

なお、銀行Xは輸出手形の買い取りと先物ドル売りという取引においては、前者の取引で直物ドルを買い、後者で先物ドルを売っている。したがって、これもスワップ取引である。

為替投機による為替リスクの負担

日本の輸出業者はドル建ての輸出契約を結び、為替リスクを回避(ヘッジ)しようとするときには、輸出予約をする。これは先物のドルを売って、先物の円を買うことである。他方、日本の輸入業者がドル建ての輸入契約を結んだときに為替リスクを回避しようとする場合には、輸入予約をする。これは先物のドルを買って、先物の円を売ることである。このように、日本のドル建ての輸出業者は、先物のドルの供給者であり、先物の円の需要者である。他方、ドル建てで輸入する輸入業者は、先物のドルの需要者であり、先物の円の供給者である。こうした先物のドルの供給と需要との関係で、先物レートが決定される。

それに対して、輸出業者が将来受け取ることになっているドル建ての輸出代金を先物で売っておかない場合には、将来の円・ドルレートの変化に応じて、為替差益を得たり、為替差損を被ったりする。将来受け取ることになっているドル建ての輸出代金のことを、**ドル建て債権**というが、このドル建て債権を先物で売らないということは、為替リスクを負担していることに他ならない。輸出業者がドル建て債権を先物で売らないのは、将来、ドル建て輸出代金を受け取ったときに、その時の直物レートでドルを売って、円に換えて利益をあげようとするからである。その場合には、輸出業者は、将来ドル高・円安になる可能性が大きいと予想していることになる。このように、将来の為替レートの変化から利益をあげようとする行動を**為替投機**という。

同じことは輸入業者についてもあてはまる。輸入業者が将来支払わなければならないドル建ての輸入代金のことを、**ドル建て債務**という。輸入業者がドル建て債務を負っている場合に、先物でドルを買わないでいることは、輸出予約をしない輸出業者と同じように、為替リスクを負っていることになる。輸入業者が輸入予約をせずに、先物のドルを買わないでいるのは、将来、円高・ドル安になる可能性が高いと予想して、将来の時点でドルを買った方が有利であると考えているからである。この場合にも、輸入業者は為替レートの変化から利益を得ようとしており、為替投機をしていることになる。

また、日本の居住者が米国国債のようなドル建ての国債に投資する場合にも、投資家はドル建ての利子の支払いや償還金の受け取りというドル建て債権を持つことになる。したがって、このドル建て債権の利子と償還金を先物で売らないでいることは、為替投機をしていることになる。

右に述べたように、日本の居住者がドル建てなどの外貨建て債権を保有したり、ドル建ての債務を負っている場合に、前者の場合には先物でドルを売らないでいること、後者の場合には先物でドルを買っておかないことは、いずれも為替投機をしていることになるのである。すなわち、新聞などでいわれる特別の**投機筋**だけが為替投機をしているのではなく、ごく普通の輸出入企業、商社、機関投資家、個人もまた為替投機をしているのである。例えば、個人が銀行にドル建て預金をして、将来受け取る金利と元本を先物で売っておかないことも、立派な為替投機なのである。

先物投機

右では、日本の居住者がドル建て債権を持っていたり、ドル建て債務を負っている場合の為替投機について述べたが、そのような外貨建ての債権を持つことも、外貨建ての債務を負うこともなく、次のように先物で為替投機をすることもできる。

例えば、現在、三カ月先物レートが一ドル＝一〇〇円であるとしよう。このとき、ある投資家が三カ月後に直物レートが一ドル＝一〇五円となる確率が高いと予想するとしよう。この投資家は現在、三カ月先物レートで円を売ってドルを買うという先物ドル買い予約を結ぶ。三カ月経って、この投資家が予想した通りそのときの直物レートが一ドル＝一〇五円になるとしよう。この場合、投資家は先物契約を決済して一〇〇円で一ドルを手に入れ、この一ドルを直ちにそのときの直物市場で売れば一〇五円を手に入れることができる。一〇〇円で手に入れたドルを一〇五円で売るから、差し引き五円の利益が得られる。これを**先物投機**というが、右のケースでは、先物ドルを買って、先物円を売っているわけであるから、先物ドル買い投機・先物円売り投機になる。

なお投資家は、実際には、ドルを買って、それを売る必要はなく、この先物投機の清算会社から差益金五円を受け取るだけである。これを**先物の差金決済**という。

逆に、ある投資家が三カ月後の直物レートが一ドル＝九五円になる確率が高いと予想していれば、その投資家は三カ月先物でドルを売って円を買う契約を結ぶであろう。三カ月経ってこの投資家が予想した通り、直物レートが一ドル＝九五円になれば、投資家は直物市場で一ドル九五円でドルを買い、その一ドルで先物契約を決済すれば、一〇〇円を手に入れることができる。直物市場で九五円で手に入れたドルを、先物で一〇〇円で売るわけであるから、差し引き五円の利益が得られる。これも先物投機であり、この場合にはドルを売っているので、先物ドル売り投機になる。円についていえば、円を買っているので先物円買い投機である。

2　通貨オプション

通貨オプションとは

通貨オプションとは、特定の通貨を、特定の期日またはそれ以前に、一定の為替レートで、一定の金額だけ売買する権利をいい、その権利を売買する取引を**通貨オプション取引**と呼ぶ。

以下では、通貨オプションを単にオプションと呼ぶことにするが、オプションにはコール・オプションとプット・オプションとがある。日本の居住者で、ドル建て債務を持つ者はコール・オプション、ドル建て債権を持つ者はプット・オプションをそれぞれ利用すると為替リスクをヘッジすることができる。そこで、まず初めにコール・オプションの利用による為替リスクのヘッジから説明しよう。

コール・オプションによる為替リスクのヘッジ

まず初めに、オプション取引におけるいくつかの用語を説明しておこう。前項のオプションの定義における一定の為替レートを**権利行使価格**または権利行使為替レートといい、特定の期日を**満期日**という。コールを発行して、売る投資家を売り手といい、コールを購入する投資家を買い手という。コールの買い手は満期までのいつの時点でも、権利行使価格で特定の通貨を買うことができる。しかし、買い手は必ずしも権利を行使する必要はなく、放棄することもできる。コールの売り手は、コールの買い手に右の権利を与える代償に買い手からオプション料を受け取る。コールのオプション料は**コール・オプション・プレミアム**とか**コール・オプション価格**とも呼ばれる。

いま、ある輸入業者が三カ月後に一万ドルの輸入代金を支払うというドル建て債務を負っているとしよう。この輸入業者は三カ月先物ドルを買っておくことにより、円・ドルレートの変化に伴う為替リスクをヘッジすることができる。しかしドル建て債務を負うことに伴う為替リスクは、コール・オプションを買うことによってもヘッジできる。

いま、三カ月後を満期日とし、一ドル＝一〇〇円を権利行使価格とするコール・オプションが売買されているとしよう。この輸入業者が、このコール・オプションを購入する場合には、次のような選択が可能になる。まず三カ月後になって、そのときの直物の円・ドルレートが、輸入業者が購入したコール・オプションの権利行使価格である一ドル＝一〇〇円を上回って上昇したとしよう。すなわち、一ドル＝一〇五円になるようなケースである。このケースでは、輸入業者は一ドル＝一〇〇円の権利行使価格で、一〇〇万円と交換に一万ドルを購入する。このように権利行使価格でドルを購入することを**コール・オプションの権利を行使する**という。

輸入業者はこれにより三カ月後の直物の円・ドルレートが権利行使価格を上回ってドル高・円安になることによる為替リスクをヘッジすることができるわけである。

それに対して、三カ月後の直物の円・ドルレートが権利行使価格を下回って、例えば一ドル＝九〇円のような円高・ドル安になったとしよう。この場合には輸入業者はコール・オプションの権利を行使せずに、三カ月後の直物市場で九〇万円を払って一万ドルを購入する方を選択する。これにより、コール・オプションの権利を行使する場合よりも、一〇万円節約できるわけである。

このようにコール・オプションの買い手である輸入業者は、三カ月後の直物の円・ドルレートが権利行使価格を上回って円安・ドル高になった場合には権利を行使し、三カ月後の直物の円・ドルレートが権利行使価格を下回って円高・ドル安になった場合には権利の行使を放棄して、直物市場でドルを購入するという選択権（オプション）を持っているわけである。

それに対して、輸入業者が、例えば一ドル＝一〇〇円の先物レートで一万ドルを輸入予約する（先物のドル買い契約を結ぶ）場合には、三カ月後の直物レートがどのような水準になるかにかかわらず、必ず三カ月後には一〇〇万円を支払って一万ドルを購入しなければならない。

この意味で、輸入予約の場合には、輸入業者は為替リスクを回避することができるが、将来、円高・ドル安になった場合の利益を享受することはできないという点で、コール・オプション取引とは異なっている。

プット・オプションの購入による為替リスクのヘッジ

輸出業者のようなドル建て債権を保有している者は、プット・オプションを購入することによって為替リスクをヘッジすることができる。例えば三カ月後を満期日とするプット・オプションが一ドル＝一〇〇円の権利行使価格で売られているとしよう。このプット・オプションを購入すると、購入者は、三カ月後の直物レートがいくらであるかにかかわらず、一ドルを一〇〇円のレートで売ることができる。またコール・オプションと同じように、一ドル＝一〇〇円で売る権利を行使せずに放棄することもできる。

いま、三カ月後に一万ドルの輸出代金を受け取ることになっている輸出業者が、このプット・オプションを買ったとしよう。かりに三カ月後に輸出代金を受け取るときに、直物レートが一ドル＝九〇円のように、購入したプット・オプションの円・ドルレートよりも低下して、円高・ドル安になっていれば、その輸出業者はプット・オプションの権利を行使して、一万ドルを一ドル＝一〇〇円のレートで売る。これによって権利行使価格よりも円高・ドル安になることによる為替差損を回避することができる。

それに対して、三カ月後の直物レートが一ドル＝一〇五円のように、権利行使価格よりも円安・ドル高になれば、輸出業者はプット・オプションの権利を放棄して、受け取った輸出代金を直物市場で売ることを選択する。これにより、プット・オプションの権利を行使する場合よりも、輸出業者はより多くの収入を得ることができる。

右のケースで、輸出業者が、例えば一ドル＝一〇〇円の先物レートで輸出予約（先物ドル売り契約）していると、三カ月後の直物レートが一ドル＝一〇五円のように、円安・ドル高になったときにも、輸出業者は一ドル＝一〇〇円で先物ドル売り契約を履行しなければならない。このため輸出予約では為替差損を回避することはできるが、円安・ドル高になった場合の為替差益を享受することはできない。

なお、コール・オプションもプット・オプションも、買い手はオプションの売り手に対してオプション価格を支払わなければならないので、オプション価格の大きさ如何によっては、輸入予約や輸出予約をした方がよいと考える輸入業者や輸出業者も存在することになる。

オプション取引による為替投機

オプションの買い手は、買ったオプションを満期日まで権利を行使せず放棄することも可能であるが、満期日までに市場で転売することも可能である。例えば、現在を一月一〇日とし、満期日が三月一五日のコール・オプションが存在するとしてみよう。このコール・オプションの権利行使価格を一ドル＝一〇〇円とし、オプション価格を四円としよう。この場合、オプションの買い手は四円のオプション価格をオプションの売り手に支払って、一ドルを一〇〇円で購入する権利を買うことができる。この満期日が三月一五日のコール・オプションは、一月一〇日以後も毎日売買され、このオプションの需要（買い）と供給（売り）が一致するようにオプション価格が形成される。したがって、オプション価格は需要と供給の関係を反映して毎日変動することになる。いまかりに、一月二〇日になってオプション価格が五円になったとしよう。この場合、一月一〇日にオプション価格四円でこのオプションを買った者は、それを一月二〇日にオプション価格五円で転売することができる。これを買いポジション（買い持ち）を清算する、または**売り戻す**という。この場合には、四円で買ったオプションを五円で売ることになるから、投資家はこのオプションの売り戻しによって一円の差益を得る。

これはオプション価格の変動から利益を得ようとする行為であり、オプション投機である。この場合には通貨オプションであるから、オプション取引による為替投機に他ならない。

3　通貨スワップ

中・長期の為替リスクのヘッジに対する需要の増大

日本の企業は国際的な視野に立って資金を調達したり、運用したりするようになっており、経常的な輸出入取引に伴う為替リスクのヘッジだけでなく、満期が一年を超えるような外貨建ての中・長期の資金調達と運用に伴う為替リスクのヘッジに対する需要が増大している。

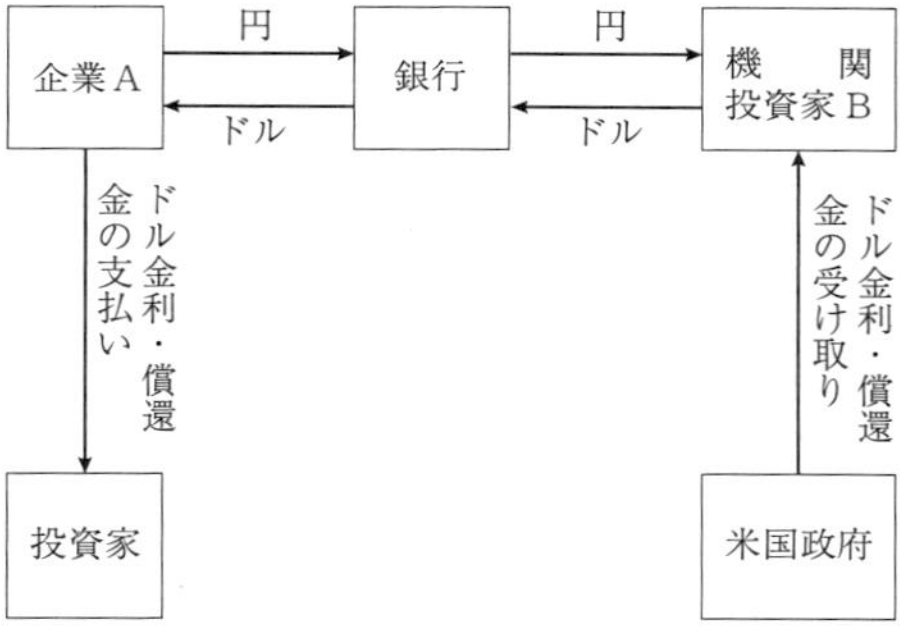

図6・2　通貨スワップによる為替リスクのヘッジ

中・長期の為替リスクのヘッジの方法には、すでに説明した、ヘッジ・ボンドのような先物為替予約によるものと、次のような**通貨スワップ取引**によるものとがある。

図6・2は、日本の企業Aがユーロ市場でドル建ての長期債券を発行して資金を調達しており、他方で、日本の機関投資家Bがドル建ての米国国債に投資している場合に、企業Aと機関投資家Bとの間で通貨スワップ取引が行われる場合を示している。まず、企業Aはドル建て債を発行したので、ドル金利と債券のドル建ての償還金を投資家たちに支払わなければならない。他方、機関投資家Bはドル債投資からドル金利とドル建ての償還金を受け取る。そこで企業Aは、銀行に対して一定のレートで円を支払ってドルを受け取る契約を結ぶ。企業Aはこ

の受け取ったドルで毎期投資家にドル金利を支払うことになる。企業Aはこれにより、将来、直物の円・ドルレートがどのように変化しても、一定の円・ドルレートで円と交換にドルを得ることができるので、ドル建て債を発行しているが円建て債を発行したことと同じになり、為替リスクをヘッジすることができる。

他方で、銀行は機関投資家Bと、一定の円・ドルレートで円を支払う代わりに、ドルを受け取る契約を結ぶ。機関投資家Bはドル建て債投資から得たドル金利を銀行に支払って、一定の為替レートで円を受け取ることになるので、将来直物の円・ドルレートがどのように変化しても、一定の円・ドルレートでドル金利収入を円と交換して為替リスクをヘッジすることができる。銀行は機関投資家Bから受け取ったドルを企業Aに渡し、企業Aから受け取った円を機関投資家Bに支払うことになる。この取引において、銀行は企業Aと機関投資家Bの取引を仲介しており、仲介手数料を得ている。一方、企業Aと機関投資家Bは円とドルという通貨を交換(スワップ)したことになるので、これを通貨スワップ取引という。この銀行を仲介とする通貨スワップ取引により、企業Aも機関投資家Bも、それぞれ為替リスクをヘッジしたことになる。

第7章　国際通貨制度（1）

――固定相場制――

前章までで、国際金融のさまざまな側面を説明してきたが、この章と次の章では、これまでに採用されてきた代表的な三つの国際通貨制度を取り上げ、それらがどのように評価されるかを、それぞれの歴史的な経験を踏まえて検討しよう。この章では、金本位制とブレトンウッズ体制という二つの固定相場制について考え、次の章では、変動相場制について考える。

1　金本位制とその評価

国際通貨制度とは

国際通貨制度とは、「公的部門・民間部門による国際金融取引を規定する公式・非公式のルール・慣行・慣習」と定義される。国際通貨制度のあり方は、貿易の利益、世界的な観点からみた効率的な貯蓄と投資の配分、各国の雇用と物価水準など、私たちの生活水準を左右する要因に対して大きな影響を及ぼす。例えば、戦後しばらくの間の日本のように、円とドルとの交換が制限されていた時代には、外国から安いモノを自由に輸入することはできなかったし、外国に旅行する場合にも持ち出せるドルに制限が加えられ、一九七〇年代後半以後のように外国旅行を自由に楽しむこともできなかった。また、変動相場制の下で、急激に円高になれば、日本の輸出産業と輸入競争産業は大きな打撃を受け、逆に、大幅な円安は輸入物価の上昇を通じて国内物価の上昇をもたらす。このように、どのような国際通貨制度を採用するかは、国民経済にとっても世界経済にとっても重要な問題である。

国内均衡の達成

ここでは国際通貨制度を評価する基準として、国内均衡と国際的な効率的資源配分の二つの評価軸を採用することにしよう。国際通貨制度の評価基準としては、国内均衡とともに、経常収支の均衡という意味での国際均衡が採用されることが多いが、この意味での国際均衡は変動相場制の下では意味を持たないので、ここでは採用しない。

まず、**国内均衡**とは、完全雇用が達成されているとともに物価が安定している状態を指す。**完全雇用**とは、現行の賃金の下で働きたい人がすべて働いている状態をいう。したがって、完全雇用の状態でも、現行の賃金では働きたくないという意味での自発的失業者は存在している。言い換えれば、非自発的失業者が存在しない状態が完全雇用である。この意味での完全雇用の達成を可能にするような国際通貨制度が望ましいことは明らかであろう。

他方、**物価の安定**とは、持続的な物価上昇(インフレーション)も、持続的な物価の下落(デフレーション)も存在しない状況をいう。しかし現実にはそのような状況を達成することはほとんど不可能であり、一〜三%といった緩やかなインフレーションは許容されるべき物価上昇の範囲であろう。

物価の予期せざる変化は、資金の貸し手と借り手の間で深刻な所得再分配を引き起こす。例えば予期せざる物価の上昇が起きると、資金の貸し手が受け取る利子と元本の返済金の購買力は低下するので、貸し手は損失を被る。

他方、物価の予期せざる低下が生ずると、資金の借り手はより多くのモノを売って利子と元本を返済しなければならず、損失を被る。

ただし、物価の上昇または下落が前もって完全に予測可能であれば、資金の貸し手と借り手はその点を考慮して金利を決めるので、いずれも損失を被ることはない。しかし現実の世界では、物価を完全に予測することは不可能である。

国際的な効率的資源配分

それに対して、**国際的な効率的資源配分**とは、貿易からの利益が各貿易当事国にとって最大になる状態をいう。この場合の貿易には、異時点間の貿易を含めて考える。**異時点間の貿易**とは、経常収支の赤字や黒字を伴う貿易をいう。第4章(一一七〜一一九頁)で説明したように、経常収支の赤字国(以下では、所得収支と経常移転収支の合計が黒字である場合も、貿易・サービス収支の赤字の絶対値よりも小さいと仮定する)は、内需が国内総生産を超える国であるが、このような国はまた外国から資金を借りて設備などに投資している国である。他方、経常収支の黒字国は、外国に資金を貸して国内の貯蓄(国内の貯蓄は国内総生産のうち民間と政府が消費しなかった分である)を外国で一層有利に運用しようとしている国である。赤字国は将来、投資が実りを結ぶことによって得られる生産物を黒字国に輸出することによって、借り入れを返済する。この意味で、経常収支の赤字とは、将来の生産物と交換に、現在、輸出を超えて生産物を輸入することに他ならず、異時点間の生産物を交換する貿易の結果生ずるといえる。異時点間の貿易には、資金の国際間の貸借という意味で、資本の国際間の移動が伴う。

右の意味での国際的な効率的資源配分を達成するためには、経常取引と資本取引の双方に関して、為替取引に制限が存在しないことが必要である。

金本位制の下での国際収支均衡のメカニズム

まず固定相場制としての金本位制を、右に述べた二つの基準から評価しておこう。金本位制は一八七〇年頃から第一次世界大戦の始まる一九一四年頃までの間、国際的に採用された制度である。金本位制については第3章第1節でも触れたが、ここでは金本位制における国際収支決定のメカニズムを説明しよう。金本位制の下においては、国際間の最終的な決済には金が用いられたから、国際収支の黒字や赤字は中央銀行間の金の輸送によってファイナンスされた。例えば、日本の経常収支が赤字だったとしよう。この赤字をファイナンスする方法の一つは、民間部門が外国から資金を借り入れることである。この場合、民間部門の資本収支は黒字になる。しかし経常収支の赤字が民間部門の資本収支の黒字よりも大きい場合には、その差額は中央銀行によってファイナンスされなければならない。この場合、民間部門は不足する資金を調達するために、外為銀行部門を仲介として、中央銀行に円を支払って、それと交換に金を受け取り、その金を外国に支払うことになる。

この金の外国への流出過程で、円通貨が民間部門から中央銀行に吸収されるため、民間部門で流通する貨幣量は減少する。貨幣量が減少すると、金利が上昇して設備投資などが停滞し、それに伴って物価が下落する。日本の物価が下落すると、日本の輸出品と輸入と競争する製品はともに安くなるので、日本の輸出産業と輸入競争産業は国際競争力を回復して、輸出が増大し、輸入が減少する。これにより経常収支の赤字は減少する。他方、日本の金利が上昇しているため外国から資本が流入して、資本収支の黒字は増大する。このようにして、金の流出は減少していき、ゼロに近づく。

逆に、日本の経常収支の黒字が民間部門の資本収支の赤字よりも大きい場合には、外国から日本へ金が流入する。すなわち、日本の民間部門は輸出代金として受け取った金を、外為銀行を仲介として中央銀行に売って円を受け取っている。この取引により、円通貨が民間部門に供給され、逆に、金が日本銀行に流入することになる。

　このようにして、貨幣量が増大すると、金利が低下して設備投資などが盛んになり、物価も上昇していく。この日本の物価の上昇により、日本の輸出産業と輸入競争産業の国際競争力はともに低下するため、やがて日本の輸出は減少し、輸入が増加して、経常収支の黒字は縮小していく。また、日本の金利の低下により、外国に資本が流出して、資本収支の赤字が拡大する。このようにして、金の流入は減少していき、ゼロに近づく。

　右のような金の流出入とそれに伴う物価の変化によって、国際収支の均衡(ここでは、経常収支と民間部門の資本収支の合計がゼロになって、外貨準備の増減がゼロになること)が達成されるメカニズムを、**物価・正貨流出入メカニズム**という。ここに正貨とは、国際的な決済手段として使われる金のことをいう。

　なお、金本位制の下では国際間の資本移動は比較的自由であったから、国際的な効率的な資源配分という観点からは、比較的高い評価を与えることができる。

金本位制の下での国内均衡

　右に述べたように、金本位制の下では、中央銀行が保有する金が減少すると貨幣量が減少して、金融引き締め効果が発揮され、逆に、中央銀行が保有する金が増加すると貨幣量が増加して、金融緩和効果が発揮される。この物価・正貨流出入のメカニズムは、国際収支を自動的に均衡させるメカニズムと考えられ、その面で高く評価されていたが、賃金の下方への硬直性が高まるにつれて次のような深刻な問題を発生させるようになった。

賃金の下方への硬直性とは、非自発的失業が存在するような不完全雇用の状態でも、賃金がなかなか下がらないことをいう。この場合には、金の流出に伴って貨幣量が減少し、金融引き締め効果が発揮されて物価が下落しても、賃金はなかなか下がらない。企業にとっては、生産物の価格は下落しているのに賃金が下がらないため、収益が圧迫されるので、その労働需要は減少して、非自発的失業が増加する。企業はまた、事業を遂行するため多額の債務を負っているのが普通であるが、物価が下落すると債務の実質負担が増大して、その返済が困難になる。そこで企業は雇用の削減をはじめとして節約に努め、新たな設備投資にも慎重になり、景気が悪くなって失業者は一層増大する。

右の点は、経常収支の赤字が大きいために、金が流出し、なおかつ、国内に非自発的失業が存在するような経済においては、一層深刻である。そのような経済では、雇用の安定を図るためにはむしろ金融を緩和して金利を引き下げ、設備投資などを誘発することが必要であるが、金本位制の下では、逆に、自動的に金融は引き締められることになってしまい、景気を悪化させ、雇用問題を深刻なものにしてしまうのである。

このように、貨幣量が中央銀行の金保有額の増減とともに、自動的に変動することは、金融政策を国内の雇用と物価の安定のために国際収支均衡から独立に採用することができないことを意味する。すなわち、金本位制の下では、各国政府は金融政策の独立性を放棄しなければならないのである。

両大戦間の国際経済と金本位制

第一次世界大戦中に各国の政府は膨大な軍事支出を紙幣の発行で賄おうとして、金本位制を放棄した。なぜならば、金本位制を採用している限り、政府・中央銀行は金の保有量から独立に銀行券を発行できないからである。

米国は第一次世界大戦が終わった翌年の一九一九年に金本位制に復帰し、一九二五年にはイギリスが戦前の金価格で金本位制に復帰した。しかし一九二五年には、戦前の金本位制時代に比べてイギリスの物価水準ははるかに高くなっていたため、戦前と同じ金平価の下では経常収支の赤字が大きくなり、金が大量に流出するという事態に直面した。そのためイギリスは、貨幣量が自動的に減少するという金融引き締め政策の採用を余儀なくされ、失業率の上昇を招いた。

同じように日本も一九三〇年に旧金平価で金本位制に復帰した。しかし、この旧平価解禁は当時の外国為替市場における為替レートからすると、約一割の円高であった。つまり、外国為替市場における為替レートからみて、旧平価解禁における円は多すぎる金に結びついていたのである。このため、旧平価での金本位制復帰後、日本もイギリスと同じように貨幣量の大幅な減少を原因とする深刻な不況に陥った。

さらに、一九二九年の秋に始まった米国の大不況は従来のそれとは異なり、長期の大デフレーションとなって世界に拡大した。日本の輸出は、旧平価解禁による円高と世界大不況の両方の要因が重なって著しく減少し、景気後退は一層深刻なものになった。この一九三〇年の日本の大不況は**昭和恐慌**と呼ばれる。日本の農村は第一次大戦後悲惨な状態に陥っていたが、この昭和恐慌によってさらなる窮乏へと追いやられた。

農業収入が減るだけでなく、紡績や製糸の不況のため、娘の工場への出稼ぎもできなくなった。そのため農民は、頼母子講や高利貸しからの借金を抱え、借金の返済のために娘を身売りさせなければならないという苦境に追い込まれる者が多かったのである。

こうした農村の窮乏を、帝国陸軍の青年将校達は農村出身の新兵を教育するうちに知ることになり、農村・農民への同情と正義感に基づいて、一九三一年の三月事件以後、青年将校によるクーデター参加や一連の政治家暗殺事件の発生へとつながるのである。日本は恐慌に直面して三一年の末には再び金本位制から離脱することになる。

一九二九年の大不況以後、世界の各国は国際貿易と国際資本移動に対して厳しい制限を課すようになった。これは各国が輸入を制限して、総需要を自国内の産業に向けることによって、不況からの脱出を図ろうとしたからである。米国では、一九三〇年にスムート・ホーレイ法に基づいて高率の関税が課せられたが、これによって諸外国は米国への輸出が困難になり、輸出産業は大打撃を受け、失業者の増大を招いた。そのため各国は報復的に貿易を制限したり、各国間でグループを形成して、そのグループ諸国内で特恵的な貿易協定を結ぶことによって米国に対抗しようとした。これによって、世界はいくつかのブロックに分断され、第二次世界大戦へと突入していくのである。

このように、両大戦間の国際通貨制度は、国内均衡からみても、国際間の効率的な資源配分からみても、さんざんな出来であった。

2　ブレトンウッズ体制と国際通貨基金

ブレトンウッズ体制の特徴

第二次世界大戦の戦勝国は、両大戦間期の惨憺たる経済状況への反省の上に立って、各国が国際貿易に制限を課すことなく国際収支均衡を達成しつつ、完全雇用と物価安定とを達成できるような国際通貨制度を構築しようとした。このときブレトンウッズ協定によって設立された固定相場制については、すでに第3章で説明したので、ここではそこでは触れなかった経常収支調整における柔軟性の確保対策について説明しておこう。

ブレトンウッズ体制は固定相場制であるから、日本銀行は経常収支の黒字・赤字に依存して金融政策を運営せざるを得なかった（第5章第2節参照）。この意味では、ブレトンウッズ体制は金本位制と同じ性格を持っている。しかし、各国政府は両大戦間期の経験を踏まえて、国内の完全雇用の維持を大きく犠牲にしてまで、固定為替レートを維持すべきではないと考えた。そこで、経常収支調整における柔軟性を確保するために、国際通貨基金（ＩＭＦ）の下で、次のような協定が結ばれた。

①ＩＭＦ貸し出し　これは、加盟国が経常収支の赤字に直面して、金融政策や財政政策の引き締めによって国内の雇用に大きな問題が生じないように、外貨を加盟国に貸し出す制度である。ただしＩＭＦは、ＩＭＦからの借り入れ国に対して、長期的には経常収支赤字を削減するようなマクロ経済政策を採用するように勧告することが、常であった。

②調整可能な為替レート　各国の為替レートは固定されていたが、ＩＭＦが当該国の国際収支が「基礎的不均衡」状態にあると認めたときには、平価を変更することが認められていた。

「基礎的不均衡」はＩＭＦ協定条文中には定義されていなかったが、「経常収支の均衡を保つためにとられる引き締め政策を採用すると、生産が長期にわたって低迷し、慢性的失業が不可避となる」ような状況を指すと考えられていた。基礎的不均衡に陥った国は、もしも平価を切り下げなければ(日本の場合には、円安・ドル高に為替レートを変更すること、すなわち、円を切り下げること)、財政金融政策を引き締めることによって内需を抑制しなければならない。これによって内需が抑制されると国内総生産が減少し、一方で失業率が上昇し、他方で国内物価が低下する。固定為替レートの下で国内物価が十分に低下すれば、当該国は国際競争力を回復して、経常収支の赤字は縮小に向かう。これは経常収支の赤字を高い失業率と長い不況という大きな犠牲を払って解消する方法である。それに対して、平価を切り下げれば、当該国の物価が下がらなくても国際競争力が増大するため、輸出が伸び、輸入が減少して、経常収支の赤字は減少する。さらに、輸出の増大と輸入の減少によって、輸出産業と輸入競争産業の生産が共に拡大するため、雇用も増大して、失業率は低下する。このように経常収支赤字国は、平価を切り下げれば、長く苦痛に満ちた不況と高い失業率という調整過程を経ることなく、完全雇用と経常収支赤字の縮小とを同時に達成することができるのである。

ただし、第４章で述べたように、右の平価切り下げによる経常収支の調整は短期的なものであって、長期的には、賃金・物価が調整されれば、経常収支は名目の為替レートの影響を受けなくなる。しかし平価の切り下げによって、短期的に右のようなメカニズムが働いて、失業率が低下することは国内経済にとって望ましいことである。

なおIMF体制（厳密には一九七三年以前の旧IMF体制）の下で、正式の手続きにしたがって実施された平価の変更は七〇件あったが、そのうち切り上げは四件だけであり、残りはすべて切り下げであった。

通貨の交換性と国際資本移動の規制

IMFは、各国に経常勘定の取引について、できるだけ早く自国通貨を外貨と交換可能にするよう求めていた。これにより国際貿易が円滑に進展すると考えられたからである。他方IMFは、資本取引については制限してもよいと規定していた。それはIMF関係者が、金本位制が崩壊した一九一八年から三九年にかけて、民間資本の投機的な動きが為替レートの不安定化を招いた一因であると考えていたからである。IMFはこの投機的な民間資本移動が、固定為替レートの下での自由貿易の利益を損ねると考えたのである。しかし資本移動に制限が加えられたことは、異時点間の効率的な貿易という点からはマイナスに評価される。

戦後いち早く交換性を回復した通貨は、USドルであった。それに対してヨーロッパ諸国は一九五八年末までに、日本は一九六四年に、それぞれ経常勘定についての通貨の交換性を回復した。

戦後の米国経済の圧倒的な力を背景として、ドルは完全に自由な交換性を持っていたため、国際貿易の多くはドル建てで契約された。ドルは世界中で国際的な取引における決済手段として用いられ、計算単位であるとともに価値貯蔵手段ともなった。こうした通貨を国際通貨と呼ぶ。各国の中央銀行も決済におけるファイナンスの手段として、自由な交換性を持ったドル資産を保有することが多かった。公的な決済手段として保有する通貨を外貨準備と呼ぶが、ブレトンウッズ体制の下では、各国は外貨準備を米国の短期政府証券などで運用した。

ブレトンウッズ体制の下での国内均衡の維持

ブレトンウッズ体制のような固定相場制の下では、国内均衡を達成するために金融政策を用いることはできない。それに対して、国際間の資本移動を規制しなければ、財政政策が有効になる。例えば、景気後退に陥って失業率が上昇するような状況では、政策当局は公共投資の支出の増加や減税などによって、生産量を完全雇用水準に近づけることができる。この生産の増加過程で取引が活発になるため、取引を決済するための貨幣需要が増加し、金利が上昇する。金利が上昇すると、国際間の資本移動が自由であれば、外国から資本が流入して、外国為替市場では外国通貨が売られて自国通貨が買われるため、自国通貨の対外価値が上昇してしまう。

ブレトンウッズ体制では為替レートを固定レートに保つ義務があったから、中央銀行は自国通貨で外国通貨を買い、外国通貨の価値が下落することを防止する。この中央銀行の自国通貨売り・外国通貨買いの過程で貨幣量が増大して、拡張的な財政政策によって生じた利子率の上昇が抑えられる。このようにして為替レートは一定に保たれ、生産は拡大し、外貨準備と貨幣量とが増大する。

それに対して、景気後退期に景気後退を食い止めて失業率の上昇を防止するために、財政政策ではなく、中央銀行が貨幣量を増大させるような金融緩和政策をとったとしよう。この政策により国内金利が低下するので、外国資産の方が有利になるため、外国為替市場では自国通貨が売られて外貨が購入されて、自国通貨の対外価値が下落する。ブレトンウッズ体制の下では、中央銀行はこの自国通貨の下落を防止しなければならないから、外国為替市場で外貨を売却して自国通貨を購入することになる。この過程で自国通貨が中央銀行に還流するため、貨幣量は減少し、当初の金融緩和政策による貨幣量の増加を完全に相殺してしまう。このようにして固定相場制の下では、金融政策は国内均衡の維持のために採用することができなくなる。

ただし、実際には、各国はブレトンウッズ体制の下で、国際間の資本移動を規制していたので、金融政策は国内均衡の維持のために全く無効というわけではなかった。

国内均衡と国際均衡の同時達成の困難性

しかし、固定為替レートを維持しようすると、次のような状況では国内均衡と国際均衡とを同時に達成することは不可能になる。例えば、ブレトンウッズ体制の下でイギリスやフランスは高い失業率と経常収支の赤字問題に悩まされていた。この場合、拡張的な財政政策によって失業率を低下させて国内均衡を達成しようとすると、国内の生産の拡大に伴って輸入が増加し、経常収支の赤字が拡大する。しかし前項で述べたように、その場合でも、国際間の資本移動が規制されていなければ、一方で、金融緩和政策が自動的に発動されるとともに、経常収支の赤字は外国からの資本の流入によってファイナンスされる。しかし、当時、イギリスやフランスは資本取引を規制していたため、経常収支の赤字が拡大すると、そのすべてを資本の流入でファイナンスすることは困難であった。他方、経常収支の赤字の拡大を放置しておくと、外国為替市場では自国通貨が売られて外国通貨(一般的にはドル)が購入され、自国通貨の対外価値が下落してしまう。これを防止しようとすれば、金融を引き締めざるを得なくなり、財政政策の拡大効果を相殺してしまい、今度は国内均衡が達成できなくなる。このような国では、失業率の上昇という苦痛に満ちた過程を避けるためには、自国通貨の切り下げが、国内均衡と国際均衡(ここでは、経常収支がゼロになる状態)との同時達成のために不可欠になる。実際にイギリスやフランスは、ブレトンウッズ体制の下で「基礎的不均衡」を理由に通貨の切り下げを実施している。

他方、一九六〇年代の終わりから七〇年代初めの西ドイツや日本のように、経済がほぼ完全雇用の状態にあり、経常収支が持続的に黒字の国は、次のような問題に直面した。すなわちこれらの国では、経常収支の持続的な黒字の拡大のために、それをそのまま放置しておくとマルクや円はドルに対して切り上がることになる。これを防止するため両国の中央銀行はドル買い・マルク売りやドル買い・円売りを実施したのである。そのため両国とも貨幣量が増大した。完全雇用の状態で貨幣量の増大が過大になると、インフレが起こる。インフレが起こると、両国の国際競争力は低下するので、経常収支の黒字は縮小していく。しかしこの過程で両国は長い間インフレを甘受しなければならない。このようなインフレを調整インフレと呼ぶが、調整インフレを避けて物価と雇用の安定という国内均衡を達成すると共に、経常収支の黒字を縮小させるためには、マルクと円のドルに対する価値を切り上げる必要がある。

このようにして一九六〇年代の終わりから七〇年代の初めにかけて、固定為替レートを維持することの矛盾が大きく露呈し始めたのである。

米国の国際不均衡問題

ブレトンウッズ体制の下では、米国は金一オンスを三五ドルの比率で各国の中央銀行と取引する義務を負っていた。この義務が米国の中央銀行に課せられることによって、米国が実体経済に対して過大な貨幣を供給することを制約する仕組みと考えられていたのである。

しかし、一九六〇年代に米国は完全雇用の達成を優先して、拡張的な金融政策を運営した。そのため六〇年代の終わりから米国のインフレ率は次第に高まった。米国のインフレは、固定相場制の下では、他の国の通貨で測った米国の物価が他の国の物価に比べて上昇することを意味する。このため、米国の国際競争力は低下して、その貿易・サービス収支の黒字は大きく減少し始め、六〇年代の終わりにはほぼゼロになり、七〇年代に入ると赤字になった(一一六頁の図４・２参照)。経常収支も七〇年代後半以降は、恒常的に赤字になった。米国のインフレ率の上昇により、マルクと円のドルに対する実質為替レートは低下した(物価で調整すると、実質的な円安・マルク安になった)ため、両国の貿易・サービス収支と経常収支は大幅な黒字になり、それに伴って貨幣量が増大し、両国でもインフレ率が上昇した。これは米国の過大な貨幣供給とそれによるインフレが、外国の過大な貨幣供給とインフレを招くという意味で、米国のインフレが外国に輸出されたことを意味する。

準備通貨国である米国の非対称性

ブレトンウッズ体制の下では、各国の中央銀行は外貨準備として米国の政府短期証券や短期のドル預金を保有した。このように中央銀行が最終的な国際的決済手段として持つ外貨準備における通貨を、**準備通貨**と呼び、自国の通貨が準備として保有される国を**準備通貨国**という。準備通貨国は、為替レートを維持するために外国為替市場に介入する必要が全くないという特権を持っている。なぜならば、世界にNカ国存在し、N種類の通貨があれば、準備通貨に対しては(Nマイナス1)の為替レートが存在するだけである。したがって、(Nマイナス1)の非準備通貨国が準備通貨に対して為替レートを固定すれば、準備通貨国が固定すべき為替レートは残されていない。これを、一般に**(Nマイナス1)問題**という。

(Nマイナス1)問題は具体的には次のような問題を引き起こす。すなわち、非準備通貨国が準備通貨に対して為替レートを固定する制度の下では、準備通貨国は他の国が為替レートを固定するように金融政策を運営してくれるので、自らは国内安定化のために金融政策を行使することができるようになる。これは準備通貨国の特権である。この金融政策に関する準備通貨国と非準備通貨国との間の非対称性を一般に、**準備通貨国の非対称的地位**と呼ぶ。

かくて、準備通貨国である米国は、完全雇用を達成する目的で金融緩和政策を採用することができる。他方、その他の国の中央銀行は国内均衡を達成する手段としては金融政策を放棄せざるを得ず、自国通貨を準備通貨に一定の比率で固定する義務があるため、準備通貨国の米国の金融政策を受け身的に「輸入」しなくてはならない。一九六〇年代の終わりから七〇年代の初めにかけて、日本や西ドイツは米国の金融政策を「輸入」せざるを得ず、その「輸入」を通じて、米国のインフレもまた輸入しなければならなかったのである。

この準備通貨国の金融政策に関する非対称的地位は、米国の金融政策に節度を失わせた原因であると共に、一九七三年にブレトンウッズ体制の崩壊をもたらした最大の要因であったと考えられる。

他方、金本位制の下では、すべての国は金に対して自国通貨を一定比率で結びつける義務を負っており、一般的な国際準備(政府・中央銀行が対外決済手段として保有している資産)も金であったから、(Nマイナス1)問題は生じなかった。

固定相場制と通貨危機

一九九〇年代以降、ヨーロッパ、メキシコ、アジア、ロシア、ブラジルなどで、通貨の対外価値が暴落するという**通貨危機**が頻発した。ここでは、それらのうちのイギリス・ポンドなどの欧州通貨危機とタイ・バーツなどの東アジア通貨危機について説明しておこう。両者に共通しているのは、固定相場制を採用している通貨に対する投機的攻撃が起きたことである。

(1) 欧州通貨危機

ドイツ、フランス、イタリアなどのヨーロッパ諸国は、一九七九年三月に**欧州通貨制度**(European Monetary System, ＥＭＳ）を発足させた。一九九〇年にはイギリスがこの制度に参加して参加国は一二カ国になった。これは参加国通貨相互間の為替レートの変動を、介入により一定範囲に抑えると共に、自国通貨をドルや円など欧州通貨制度加盟国以外の国の通貨に対しては変動させるという制度である。原則として、加盟国は為替レートを上下二・五％の変動幅に抑える義務を負っているが、イギリスとスペインは上下六％の範囲におさめればよいこととされていた。しかし、九三年以後は、変動幅は上下一五％まで拡大された。この加盟国相互間の為替レートを一定の範囲におさめる為替レートの調整システムを、**為替相場メカニズム**（Exchange Rate Mechanism, ＥＲＭ）という。これは加盟国間では一定の変動を許容するものの、基本的には固定相場（変動幅を持った固定相場制）である。この欧州通貨制度は、ドルや円のような単独変動相場制に対して、**共同変動相場制**と呼ばれる。

ＥＵ諸国のうち、主要国がこのような共同変動相場制をとったのは、相互の通貨の交換率をほぼ一定の範囲に固定することにより、為替レートの変動に基づく生産や貿易に及ぼす影響を最小限にとどめようとしたからである。これら諸国は域内の関税を撤廃して、自由貿易を促進すると共に、労働や資本移動の自由化を進め、一つの共同市場を形成しようとしていた。実際に、一九九九年一月一日に、単一通貨ユーロが一一カ国で導入された。

さて、域内のＥＭＳ加盟国間では固定相場を維持しなければならないから、金融政策の独立性を放棄しなければならない。このように金融政策を放棄しても比較的問題がないケースは、加盟国間の経済構造に大きな違いがなく、域内の労働の移動が比較的容易である場合である。例えば、加盟国のベルギーの景気が悪くなり、失業率が上昇したとしよう。この場合、ベルギーの失業者が隣接国のオランダやルクセンブルクなどに働きに出かけて、所得を得ることは比較的容易である。それに対して、国境を越える労働の移動が困難である場合には、当該国に生じた失業率の上昇を引き下げるためには、金融を緩和して景気を刺激する必要がある。

ＥＭＳはその発足以来何度も危機的な状況に陥り、そのたびに危機を克服してきたが、九二年にはついにイギリスとイタリアがＥＲＭから離脱するという状況に陥った。

当時、東西統一後のドイツは、国内インフレを抑え込むために高金利政策をとっていた。その場合、イギリスやその他の加盟国はドイツと歩調を合わせて高金利政策をとらざるを得ない。そうしないと、高金利通貨であるマルクに対する買い投機が起きて、マルク以外の加盟国通貨はマルクに対して、定められた範囲を超えて安くなってしまうからである。

しかし、国内に大量の失業者を抱え、不況が長引いていたイギリス(九一年の実質成長率マイナス一・四%、失業率九・八%。以下同)やイタリア(一・四%、九・八%)やフランス(一%、九・九%)がいつまでも高金利政策をとり続けることはできるはずがなく、金融緩和政策への転換は、ＥＲＭ離脱や変動幅の拡大を伴わざるを得ない。

このように考えると、経済の論理をよく知っている者には、イギリスとイタリアのＥＲＭ離脱や変動幅の拡大は前もって予想できた事態であったといえる。

いま述べたＥＲＭの矛盾点を突いたのがジョージ・ソロス傘下のヘッジ・ファンドであった。**ヘッジ・ファンド**とは私募の投資信託である。ソロスは一九九二年にポンド売りを浴びせて、イギリスをＥＲＭから離脱させ、また九三年にはフランを中心に売りを浴びせて、ヨーロッパ各国通貨の為替変動幅を、それまでの上下二・五％から同一五％にまで拡大せざるを得ない事態に追い込んだ人物といわれ、「イングランド銀行を打ちのめした男」とか、「一週間で一五億ドルを儲けた男」と評判をとった。

こうしたヘッジ・ファンドによる為替投機は、投機としては成功しているが、かえって為替レートの変動を大きくしたと非難されることがある。しかし、右で述べたように、ＥＲＭには経済論理的に無理があったことを考慮すると、ソロスはバブル的投機ではなく、「経済の論理を無視した無理はいつまでも続くはずはない」というファンダメンタルズに基づいた投機によって、経済の論理に抵抗しようとした勢力に打ち勝ったといえよう。

イギリスとイタリアのＥＲＭ離脱や変動幅の拡大によって、ヨーロッパ各国は国内の不況に合わせて金融緩和政策を採用できるようになった。世界景気が九三年に入って上向きに転じたのは、このようにヨーロッパ各国が金融緩和政策に転じたことによるところが大きかったのである。

(2) 東アジア通貨危機

一九九七年後半から一九九八年にかけて、タイ、インドネシア、マレーシア、韓国などの東アジアで通貨危機が発生した。これら一連の通貨危機で先陣を切ったのは、タイであった。タイ・バーツは一九九七年初頭から軟調であったが、同年七月から売り投機を浴びて、その対外価値は大きく下落し始め、九八年一月には米ドルに対して対前年同月比で五二%もの下落になった。タイ・バーツに対する売り投機はたちまち、インドネシア、マレーシア、韓国などの他のアジア諸国に飛び火し、これらの国の通貨も外国通貨に対して大きく下落した。

タイ、インドネシア、マレーシア及び韓国では、一九八〇年代以降、アジア通貨危機が起きるまで、高度成長が続いた。とくに、九〇年から通貨危機の直前の九六年までのタイ、インドネシア、マレーシア及び韓国の平均実質成長率はそれぞれ、八・六%、七・三%、九・五%、七・九%という高さであった。それが、タイでは、九七年にマイナス一・四%に、九八年はさらにマイナス一〇・五%へと大きく低下した。インドネシア、マレーシア及び韓国の実質成長率も、九八年はそれぞれ、マイナス一三・一%、マイナス七・四%、マイナス六・九%と一挙に大幅なマイナスになった。なぜ、このように成長率の急激な低下が生じたのであろうか。この問題を考えるために、これらの国の当時の通貨制度の特徴をみておこう。

タイは戦後一九九七年七月までは、主要通貨あるいは各国通貨のバスケットに自国通貨の価値をリンクさせる釘付け為替相場制を採用してきた。インドネシアのアジア通貨危機までの通貨制度は、ルピアの実質為替相場を安定化させる「クローリング・ペッグ制」であった。マレーシアと韓国はともに「通貨バスケット制」を採用していた。

このように、アジア通貨危機が起きた頃、これらの国は公式的には若干異なる通貨制度を採用していたが、いくつかの実証研究が明らかにしているように、事実上、米ドルと自国通貨の交換比率を一定に維持する**ドル・ペッグ制**という一種の固定相場制を採用していたのである。

この事実上のドル・ペッグ制の採用は、次の二つの問題を引き起こした。

第一は、外国からの借り手と外国の貸し手の為替リスクの過小評価である。すなわち、これらの国は経常収支が大きな赤字であったため、外国から資本を大量に輸入していたが、その多くは短期借り入れであった。しかし、自国通貨がドルにペッグ(釘付け)されていたため、これらの国の国内の借り手も外国の貸し手も、為替リスクを過小評価する傾向があった。

第二は、為替レートの過大評価である。一九九〇年代前半は、タイ・バーツ、マレーシア・リンギット、インドネシア・ルピア、及び韓国ウォンの実質実効為替レートは上昇傾向を示すことなく安定していた。ところが、一九九五年五月以降、ドルが円に対して増価すると、事実上、ドル・ペッグ制を採用していたこれらの国の通貨も増価したため、経常収支の赤字が膨らんだ。例えば、タイの経常収支の対ＧＤＰ比は九四年まではマイナス五％台だったが、九六年と九七年にはマイナス八％へ上昇した。

経常収支の大幅な赤字は大幅な資本収支の黒字、すなわち、大幅な外国からの借り入れ（対外債務）によってファイナンスされなければならない。しかし、対外債務が急増すれば、外国の貸し手は貸し倒れを心配するようになる。かれらが最初に注目したのは、タイの対外短期借り入れに対する外貨準備の比率であった。九七年の半ばには、この比率が一定水準を超えたため、貸し手は貸し倒れのリスクが大きくなったと感じて、直ちに証券を売って、タイから資本を引き上げ始め、貸付の満期が来ると、外国の貸し手は借り換えに応じなくなった。

証券を売ってタイ・バーツに換えた外国投資家は、そのタイ・バーツを売って、ドルを購入しようとする。また、ドル建てで借りた借り手はタイ・バーツを売ってドルを買い、そのドルで返済しなければならない。こうしたタイ・バーツ売りとドル買いが急増すると、タイ・バーツは減価するが、当時、タイはドル・ペッグ制を採用していたから、タイの通貨当局はタイ・バーツの減価を防ごうとして、ドル売り・タイ・バーツ買いの為替介入を実施した。しかし、タイの通貨当局は大量のタイ・バーツ売り・ドル買いに対抗して、ドルを売り続けるだけの外貨準備（その大半はドル建ての米国短期証券）を持っていなかった。そのため、タイは九七年七月に、ドル・ペッグ制を放棄して、変動相場制に移行すると共に、ＩＭＦに緊急融資を要請する事態に陥った。以上の結果、すでに述べたように、タイ・バーツの対外価値は急落したのでである。

一方、韓国は九七年に労働法の改正をめぐって大規模な労働争議が起きると共に、財閥である韓宝グループが破綻し、金融システムの脆弱さが露呈したため、その対外信用が大きく毀損された。その結果、同国は流動性危機に陥り、ＩＭＦの支援を受けることになった。

タイと韓国の通貨危機はたちまち、インドネシア、マレーシア、香港などの東アジア諸国に伝染した。この伝染効果の発生については、次のような見解が有力である。すなわち、タイや韓国の通貨の対外価値が大幅に低下すると、これらの国と同じようなモノを輸出しているインドネシア、マレーシア、フィリピンなどは、ドル・ペッグ制を採用している限り、輸出の国際競争力が低下するから、輸出は大幅に減少し、景気後退に陥る。そのことが予想されれば、これらの国もタイや韓国と同じように、ドル・ペッグ制を放棄して、為替レートの切り下げを受け入れるしかないと予想される。実際に、このように予想した投資家はこれらの国の通貨を売ってドルに換える動きに出たため、これらの通貨の対外価値は大きく下落した。この事態に直面して、インドネシアは変動相場制に移行したが、マレーシアはＩＭＦの援助を断り、資本移動を規制すると共にドル・ペッグ制を維持した。マレーシアはこの資本移動の規制により、資本の流出を防いだのである。その結果、マレーシアでは通貨危機は比較的早期に収束した。

一方、香港はドル・ペッグ制を維持するために、金融引き締め政策によって金利を引き上げ、資本が流出するのを防いだ。しかし、この高金利政策によって、香港はデフレ不況に陥った。なお、香港の通貨制度は正確には、「カレンシー・ボード制度」といって、通貨当局が固定レートで自国通貨と外国通貨の交換に無制限に応ずる制度である。この制度を維持するため、通貨当局は保有する外貨準備で交換可能な量だけしか自国通貨を発行しない。この制度の下で、香港ドルと米ドルは一定の交換比率に維持されるから、香港の通貨制度も一種のドル・ペッグ制である。

国際金融のトリレンマ

右に述べた東アジアの通貨危機は、「国際金融のトリレンマ」という命題の妥当性を如実に物語っている。

国際金融のトリレンマとは、①自由な国際資本移動、②名目為替レートの安定、及び③金融政策の独立性という三つの条件を同時に満たすことはできない、という命題である。

例えば、東アジア通貨危機前のタイ、インドネシア、マレーシアなどのように、ドル・ペッグ制によって、米ドルと自国通貨の交換レートを安定的に維持して、②を追求する場合には、①か③のいずれかを放棄しなければならない。東アジア通貨危機前に、これらの国が選択した通貨制度は③を放棄して、①と②を採用することであった。

それに対して、東アジア通貨危機後に、タイとインドネシアが採用した通貨制度は、②を放棄して、①と③を採用することであった。一方、マレーシアは①を放棄して、②と③を採用した。

タイやインドネシアのように、②を放棄して、①と③を採用する場合には、①に伴って、為替投機が発生して、名目為替レートが乱高下する可能性を排除できない。一方、マレーシアのように、①を放棄して、②と③をとれば、資本が自由に国際間で移動できないために、外国から資本(資金)を輸入して、自国の資本不足を補うことに障害が生じて、経済発展が阻害される可能性がある。例えば、通貨危機の際に、外国資本が当該国から逃げ出す道がふさがれていることが事前に分かれば、外国資本はその国に資本を供給することをためらうであろう。

こうした通貨制度が抱えるトリレンマについては、次章で再び言及することにする。

第8章　国際通貨制度(2)
——変動相場制の経験と評価——

一九七三年に主要国が変動相場制へ移行した直接のきっかけは、七一年のアメリカのドルと金の交換の停止を主たる内容とする経済政策の実施によるものであった（七五〜七六頁参照）。しかしそれは直接のきっかけであって、第7章2節の説明からわかるように、ブレトンウッズ体制における固定相場制を守ることの不利益が六〇年代の終わりから増大しつつあったことが、七三年に、主要国に変動相場制の採用に踏み切らせた基本的な要因である。この章では、まず初めに、この要因を整理し、その後に、七三年以後の経験に基づいて、変動相場制の機能を評価しておきたい。

1　変動相場制採用の要因

準備通貨国米国の金融節度の喪失

第7章第2節で述べたように、米国は準備通貨国であったため、金融節度を喪失し、緩和的な金融政策を運営することによって、日本や西ドイツにインフレを輸出した。西ドイツと日本の両国が輸入インフレから逃れる最善の方法は、変動相場制を採用することであった。

経常収支の不均衡を長期的に改善するには変動相場制しかない

一九七〇年代初め当時、イギリスやフランスのような失業率が高く、かつ、慢性的に経常収支の赤字を抱えた国は、自国通貨を切り下げることが国内均衡と国際均衡(経常収支の均衡)を維持する上で最善の方法であると考えられた。ＩＭＦ協定の下では、「基礎的不均衡」状態にあることが認められれば、平価の切り下げが認められたが、むしろ、変動相場制を採用することにより、市場で自動的に自国通貨の切り下げが生じる方が、二つの均衡を同時に達成するうえで、コストも少なく早道であった。

他方、西ドイツや日本のような完全雇用状態で経常収支の黒字が生ずる国は、インフレの輸入を避けるためには、市場で自動的に自国通貨を切り上げることが最善の道であった。

投機的な資本移動による国際収支危機の頻発

一九六〇年代終わりから七〇年代初めにかけて、イギリスやフランスのような慢性的な経常収支の赤字国は、しばしば、「基礎的不均衡」状態にあるのではないかと疑われることになった。そのため、市場の参加者たちは両国の経常収支の赤字が拡大するたびに、通貨切り下げが迫っていると予想して、ポンド建てやフラン建ての資産(すなわち、自国通貨建ての資産)を売って、ドルやマルク建ての資産に換えようとした。このように、自国通貨の切り下げを予想して自国通貨建ての資産を売って、外貨建ての資産を購入することを、投機的資本の流出という。両国の中央銀行は為替レートを固定する義務を負っていたため、投機的なポンドやフラン売り（投機的資本の流出）に対抗して、自国通貨の価値を買い支えなければならなかった。この為替介入により、両国の外貨準備は大きく減少したが、そのことがさらに一層、両国の平価切り下げを予想させ、投機的な短期資本の一層の流出を招いた。

他方、西ドイツや日本のような継続的な経常収支の黒字国では、投機的なマルク買い・ドル売りと円買い・ドル売りが生じたため、両国の中央銀行はドルを買い支えるために、外国為替市場でドル買い介入を頻繁に実施した。しかし両国の中央銀行は大量のドル売りに対抗しようとした結果、自国の貨幣供給量が管理不可能なほど増大するという問題に直面することになった。

例えば、日本は一九七三年の二月一四日から変動相場制に移行するが、日本銀行はその直前の二月一日から九日の間に一一〜一二億のドル買い介入を実施した。この介入額は、この間の東京市場での直物出来高の約九割にものぼった（小宮隆太郎・須田美矢子『現代国際金融論〔歴史・政策編〕』一七頁）。

またヨーロッパ諸国でも、一九七三年の三月二日には、ブレトンウッズ体制の下での固定相場制は完全な終焉を迎えるが、その前日の三月一日に、西ドイツの中央銀行は午前中だけで二〇億ドル、一日全体では二五～二七億ドルのドル買い介入を実施したといわれる。これは一日の記録としては国際金融史上かつてなく、そして再びあることがないと予想された中央銀行によるドル買いであった(前掲書一八頁)。

日本や西ドイツは変動相場制へ移行する直前の大量の投機的資本流入に対して、厳しい為替管理強化措置をとってはいた。しかし、それらの措置はほとんど効果がなかった。なぜならば、その為替管理強化措置においても、ＩＭＦ協定上、輸出入に伴う経常取引には制限を加えることはできなかったからである。そのため、輸出業者は円の切り上げが不可避であると予想する場合は、ドル建ての輸出代金の受け取りを早めようとして、ドル建て輸出手形を外国為替市場で売って円に換えようとする。他方、円切り上げを予想する輸入業者は、輸入代金であるドルの手当を遅らそうとする。このためドル供給は大量に増えるのに対して、ドル需要は大幅に減少する。このようにして、一方で、ドルの大量の流入が起こり、他方で、それを買うべき輸入業者が存在しないことになる。このように、円切り上げが予想されるときに、輸出業者が輸出ドル代金の売却を早め、輸入業者が輸入代金の手当を遅らせることを、リーズ・アンド・ラッグズ(早めたり、遅らせたりすること)という。これは将来の為替レートの変化から利益を得ようとする行動であるから、為替投機に他ならない。しかも、固定相場制の下では、たとえ円の切り上げはなくても、経常収支黒字国の通貨である円の切り下げは絶対にないのであるから、この為替投機は得することはあっても、決して損することはない。ある予想に基づいて投機的行動をとったときにその予想が当たれば儲かるが、予想が外れても損をしない投機のことを、**一方的選択権を持った投機**という。このような有利な投機の機会が存在する限り、固定相場制の下で、ある国の通貨の切り上げが予想される時には、当該国は大量の短期資本の流入を回避することはできず、中央銀行が為替管理によって固定相場を維持することは、不可能になる。

2　変動相場制の評価

経常収支不均衡はなくなったか

ブレトンウッズ体制の末期には、変動相場制のメリットが盛んに議論されたが、その一つとして、変動相場制が導入されれば、経常収支の不均衡は為替レートの変化によって調整され、ゼロになるから、準備通貨の不足、すなわち、国際流動性の不足問題は解消するという点が挙げられていた。しかし実際には、例えば日本の経常収支の黒字は、為替レートが円高・ドル安になっても、短期的にはむしろ拡大し(これを**Jカーブ効果**という)、六カ月から一年程度の期間をおいてようやく縮小するというように、為替レートの経常収支不均衡調整には非常に時間がかかることが分かってきた。さらに、長期的には経常収支は所得収支と経常移転収支を一定とすると、一国の長期的な完全雇用の下における国内総生産と内需の大きさによって決まり、名目為替レートの変化の影響はほとんど受けない。

経常収支を短期的に変動させるもう一つの大きな要因は、民間総投資の変動である。民間総投資は経営者の将来の経営見通しに依存するため、経営者の見通しが強気になれば増加し、弱気になれば減少するというように、短期的に比較的大きく変動する。この変動を受けて、経常収支も短期的に変動することになる。

経常収支の赤字はどうファイナンスされたか

それでは、経常収支の赤字はどのようにファイナンスされたのであろうか。各国の経常収支の赤字は、基本的には、各国の民間部門の資本収支の黒字によってファイナンスされた。経常収支の赤字国は、その赤字分に相当する金額を国際金融市場での借り入れや証券の発行によって調達する。他方で、経常収支の黒字国はその黒字分を国際金融市場で赤字国に貸し付けたり、赤字国が発行した証券に運用して金利収入などを得ようとする。このようにして、国際金融市場を通じて、黒字国から赤字国へ資金が融通される。

経常収支の赤字国がその赤字をファイナンスするもう一つの手段は、発展途上国のように、ＩＭＦや世界銀行から借り入れるという方法であるが、世界全体でみればこの方法によるファイナンスの比率は極めて小さい。
一九七三年に第一次石油ショックが起きたため、七四年には主要先進国や非産油国は大幅な経常収支の赤字に陥り、OPEC(石油輸出国機構)諸国には膨大な経常収支の黒字が発生した。第一次石油ショックが起きた当時は、果たして、非産油国の経常収支の赤字がうまくファイナンスされるか、大いに心配されたものであった。ところが、人々の心配をよそに、OPECは獲得した膨大な経常収支の黒字を国際金融市場で経常収支の赤字国が発行した証券等に運用した。これによってOPEC諸国に流れた資金が、経常収支赤字国に還流したのである。

このとき、もしも日本のような原油を輸入に大きく依存している国が、原油輸入代金の支払い額の増大によって生じた経常収支の赤字を固定相場制の下でファイナンスしようとすれば、どのような事態が生じたであろうか。日本は経常収支の赤字の増大に伴って生ずる円安を食い止めるために、金融を強く引き締めて、国内総生産を大幅に落とさなければならなかったであろう。国内総生産が大幅に減少すれば原油輸入量も削減できるからである。したがって、第一次石油ショック当時、変動相場制に移行していなかったならば、日本経済は実際に起きたよりももっと深刻な景気後退に陥り、失業率もかなり上昇したと考えられる。たまたま、第一次石油ショックの約七カ月ほど前に変動相場制に移行していたことは、日本経済にとって好運なことであった。

なお変動相場制へ移行後、国際的に資金がスムーズに流れたのは、この期間に各国の資金の国際間移動に関する規制が緩和ないし撤廃されたことが大きく寄与している。この意味で、モノの貿易だけでなく、資金の国際間の配分も非常に効率的になったと評価できよう。

経常収支不均衡は変動相場制のデメリットではない

経常収支の不均衡が為替レートの変化によって調整されないことを、変動相場制のデメリットであるとする考え方がある。しかし、この考え方には問題がある。

第一に、第4章で説明したように、経常収支不均衡は長期的には、所得収支と経常移転収支を一定とすると、各国の完全雇用の下での国内総生産と内需との差によって決まるから、それは為替レートの調整能力の問題ではなく、各国の財政政策や民間部門の貯蓄率といった国内問題である。

第二に、資金の貸し手が経常収支の赤字国の債務不履行を予想しない限り、経常収支の赤字は国際金融市場を通じて黒字国からの融資でファイナンスされる。

累積債務問題と変動相場制

ここで、右で述べた債務不履行の問題に関連して、発展途上国の累積債務問題に触れておこう。一九七〇年代に、二度にわたる石油ショックが起きて、ＯＥＣＤ主要国の経済成長率の低下が生じ、それに伴って、それらの国の国際金融市場での資金需要が減少した。そのため、南米などの発展途上国は有利な条件で資金を調達できるようになり、多額の資金を借り入れた。

しかしこれらの国では、国内投資が十分な利益をあげなかったり、金利が八〇年代の初めに上昇したりしたため、債務を返済できず、返済資金を借り入れに依存せざるを得ず、ますます債務が膨らむという厳しい状態に追い込まれた。

この**累積債務問題**は、その後、世界銀行などの国際金融機関、主要国政府及び民間金融機関の三者が協力して、新規融資を拡大したり、返済を猶予したりすることによって緩和されたが、それは変動相場制の問題ではなく、資金の貸借一般の問題である。すなわち、貸し手の審査能力や貸付先の分散によるリスク管理等が不十分であり、貸し手が見通しを誤ったということである。

金融政策の独立性は維持されたか

固定相場制時代には、経常収支の持続的な赤字国で、かつ、失業率の高い国は、国際均衡を維持しようとする(経常収支の赤字を削減すること)と金融政策を引き締めなければならず、それによって失業率が一層上昇するという困難な問題に直面していた。しかし変動相場制へ移行した後は、経常収支の赤字国も国内均衡を優先して失業率を引き下げるような金融緩和政策を採用することができるようになった。他方、日本やドイツのような持続的な経常収支黒字国も、インフレを抑制するために金融引き締め政策を採用することができるようになった。

また、準備通貨国である米国が金融緩和政策を継続した結果、米国でインフレが起きると、ドルの円で測った購買力平価は低下すると予想されるため、投資家たちは、将来、円高・ドル安になると予想するようになる。この予想の変化により、米国の国債をはじめとするドル建て証券の期待実質利子率は、日本のそれよりも低下するので、米国国債など米国の長期証券に投資するよりも日本の証券に投資することが有利になり、外為市場ではドル売り・円買いが進み、円高・ドル安になる。米国のインフレによって、日本の米国からの輸入財の価格(ドル建て)は上昇するが、同時に円高になるため、円で測った輸入価格は上昇しない。このようにして、米国で起きたインフレを日本が輸入するという事態を回避できるようになった。

ただし、このメカニズムは完全には働かない。とくに短期的には、円・ドルレートの下がり方が不十分なために、円建ての輸入価格が上昇して、インフレが輸入される場合がある。

日米経常収支不均衡と日米経済摩擦

一九八三年以来、米国の経常収支の大幅な赤字と日本の黒字という、日米の経常収支の大幅な不均衡が生じた。米国の対日貿易赤字は一九八四～九三年の間、年間およそ四〇〇億ドルから六〇〇億ドルの間で推移した。この対日貿易赤字は米国全体の貿易赤字の三〇～六五％を占めた。こうした日米の経常収支(特にその中の貿易収支)不均衡が一〇年もの間生じたため、日米経済摩擦が年々深刻になった。米国は当初、円がドルに対して安すぎるためにこのような不均衡が生じると主張し、八五年のプラザ合意以後の国際協調の下に、ドルを切り下げるためのマクロ経済政策を実施した。それ以後、円・ドルレートは大きく低下し、円高・ドル安傾向が続いたが、米国の対日貿易赤字はほとんど減少せず、むしろ、九二～九三年ころは再び増加傾向を示した。このように、名目の為替レートの変動(円高・ドル安)によっても日米経常収支不均衡はほとんど調整されなかったため、米国は日米経常収支不均衡の原因を日本の市場の閉鎖性に求めるようになった。しかし第4章で説明したように(一三三～一三六頁)、日本の市場開放は長期的に日米経常収支不均衡を解消するには役に立たない。米国が経常収支の赤字を減らすには、米国の財政支出の削減などによって財政赤字を減らし、米国民の貯蓄率を引き上げるような政策をする他ないのである。米国は日米経常収支不均衡の是正のために、もっぱら日本に内需拡大や市場開放を求めたが、米国の財政赤字の削減こそが、この問題の解決に最も有効である。

為替投機は安定的だったか

ミルトン・フリードマンをはじめとする変動相場制支持論者達は、為替投機は次のようなメカニズムが働くことにより、為替レートの安定化に寄与すると考えていた。第6章(一六三〜一六五頁)で述べたように、為替投機はいわゆる「投機筋」だけではなく、ごく普通の企業や機関投資家などによって行われているが、ここでは、この章の第1節で取り上げた輸出入業者によるリーズ・アンド・ラッグズによる為替投機を取り上げてみよう。

いま、ある輸出業者が近い将来、円高・ドル安になると予想して、ドル建て輸出手形の売却を早めたとしよう。これにより、現在、ドル売りが増えるため、円高・ドル安になる。この輸出業者の予想が当たって、実際に、近い将来に円高・ドル安になったとしよう。この場合、この輸出業者がドル建て輸出手形の売却を早めずに、将来、円高・ドル安になった時点で、ドル建て輸出手形を売却すると、ドル売りが増えるため、一層の円高・ドル安になってしまう。したがって、この輸出業者がドル建て輸出手形の売却を早めたことは、将来の円高・ドル安の程度を緩和したといえる。

同じように、ある輸入業者もまた近い将来、円高・ドル安になると予想して、ドルの購入を遅らせたとしよう。これにより、現在、ドル需要が減少するので円高・ドル安になる。この輸入業者の予想が実際に当たって、近い将来、円高・ドル安になったときに、輸入業者は輸入代金であるドルを購入しようとする。この輸入業者のドル買いにより、ドル安になるとしても、その程度は緩和される。

右のように、為替投機者の為替レートに関する予想が当たると、現在、ある程度円高・ドル安になり、将来の円高・ドル安の程度は緩和される。これにより、現在から将来にわたる円・ドルレートが平準化され、為替レートの安定化が図られるわけである。このような為替レートを安定化させる投機を**安定化(為替)投機**という。

それに対して為替投機者の予想が外れて、将来、逆に、円安・ドル高になると、円安・ドル高になった将来の時点で、円高・ドル安を予想した輸出業者のドル売りが存在しないのに対して、同じように予想した輸入業者によるドル買いが増加するので、ドルの供給不足は一層増幅されて、一層の円安・ドル高になってしまう。このように為替投機者の予想が外れると、現在は、その投機がなかった場合よりも円高・ドル安になり、将来は逆に、一層の円安・ドル高になるというように、現在から将来にわたる為替レートの変動は大きくなってしまうのである。このような為替レートの変動幅を大きくする為替投機を**不安定化(為替)投機**という。

フリードマンは、予想がいつも外れて為替差損を被るような投機者は、競争的な市場で生き残れず、次第に淘汰されるとして、長期的には予想の当たる投機者だけが市場に残ると主張した。そうであれば、長期的には、的確に予想する投機者だけが投機市場に残ることにより、為替レートの安定化が図られることになる。

しかし実際の変動相場制の下での為替レートは、彼らが考えていたよりもはるかに大きく変動した。例えば円高になる場合にも、徐々に円高になるのではなく、ごく短期間に急速に円高になることが多かった。そのような急激な円高が人々を不安にさせ、将来の見通しを不透明にして、人々をさらに円投機に走らせ、さらなる円高をもたらすといった、バブル的な現象が起こることも稀ではなかった。このような事実は、現実には、予想が当たらない投機者は長期的にも排除されないことを示している。

しかし、急激に為替レートを変化させる要因は、ファンダメンタルズに基づかないバブル的な為替投機や、将来のファンダメンタルズに関する予想を誤った為替投機だけではない。例えば、円・ドルレートは、短期的にはバブル的投機などによって影響を受けるが、長期的には日米の期待実質金利差を反映して変化すると考えられる。ところが、モノの生産には時間がかかるため、為替レートが変化しても生産量を直ちに変化させることはできない。例えば、投資家たちが予想しなかったような金融政策の引き締めによって、金利が上昇するとしよう。この場合、円・ドルレートはこの予期せざる金利の上昇に反応して直ちに円高になる。それに対して、モノの生産は新しい円・ドルレートの水準に徐々に調整されていく。円高は日本の輸出産業と輸入競争産業の収益を悪化させるため、日本の産業全体の生産量は減少していくであろう。この生産量の減少の過程で、資金に対する需要が減少すると、金利も徐々に低下し始める。円・ドルレートも、この日本の金利の低下に合わせて徐々に上昇し始める。こうして、当初、急速に円高が進むが、しばらく経つと、為替レートは新しい均衡水準に向かって徐々に円安の方向に修正されていく。

このように円・ドルレートが、長期的にみた円・ドルレートの水準を、短期的に大幅に下回って円高の方向に変化することを、為替レートのオーバーシューティングという。このオーバーシューティングは、ファンダメンタルズに基づいた為替レートの変化であるが、モノの生産からみると行き過ぎである。この行き過ぎた円高は長期的には修正されていくが、実物経済に悪影響を及ぼす側面があることは否めない。それは、余りにも短期的に円高が行き過ぎて、企業が直接投資を通じて海外に出ていってしまい、国内産業の空洞化が進んでしまった場合には、たとえ長期的に円高が修正されたとしても、国内空洞化の修正は容易でなく、長い時間とコストがかかるからである。

一九八〇年代の初めには、ドルが主要通貨に対して大きく切り上がり、ドル高が続いた。このとき何人かの経済学者は、このドル高は長期的にみると行き過ぎであり、そのような行き過ぎが米国の国内産業の空洞化をもたらし、たとえ将来ドル高が修正されたとしても、国内空洞化を修正することは容易ではないと主張して、変動相場制に疑問を投げかけたことがあった。

例えば、ドル高によっていったん壊滅してしまった米国の機械産業を、ドル安に戻ったからといって、立て直すには大きなコストがかかりすぎて、ドル高の時期に競争力をつけた他の国の機械産業に打ち勝つことはできないというのである。このように行き過ぎたドル高によって壊滅した産業が、ドル安に戻っても回復ができないという状況を、過去の状況が現在を規定するという意味で、**履歴効果**と呼んでいる。

しかし、八〇年代半ばから九五年までの趨勢的なドル安の中で、米国の産業は立ち直った。したがって、八〇年代のドル高は深刻な履歴効果をもたらすほどのものではなかったと考えられる。

為替投機が為替レートの不安定化をもたらすという主張において、しばしば引用されるのは、ジョージ・ソロスを代表とするヘッジ・ファンドが為替投機で大儲けしているという事例であるが、これについて、第７章で説明したので、ここでは繰り返さない。

円高と国内産業の空洞化

一九九五年には、一ドル＝一〇〇円を切るような円高になった。これによって、国内企業が直接投資を通じて海外に出ていってしまい、国内産業が空洞化し、雇用が十分に確保できなくなり、失業率が欧米並みに上昇するのではないかと心配された。

こうした円高に対しては、一方に、円高に対応する直接投資や製品輸入の増加は、世界の資源を有効に配分する国際分業の進展を促すものであると、積極的に評価する立場が存在する。しかし、他方では、過度の円高は不適切な国際分業をもたらし、日本の経済成長率を低下させる要因になる、という主張もある。したがって、問題は円高が「過度」であるかどうかである。

それでは、一九八五年のプラザ合意以後の名目為替レートで見た円高は、過度の円高であったであろうか。この問題については、浜田宏一・岡田靖「実質為替レートと失われた10年」(『季刊政策分析』二〇〇九年春号。以下、浜田・岡田論文と引用)が以下のような興味深い分析を発表している。

いま、理解を容易にするために、世界を日本と外国とに分け、各国内の産業のコストは物価で近似できるとすると、日本の輸出産業の外国と比べたときの国際競争力(あるいは、外国と比べたときの収益性)は、表8・1の(1)のように表すことができる。(1)の分子は日本の輸出産業の円建て価格を産業のコストである日本の物価で割ったものであるから、日本の輸出産業の収益性を表している。一方、分母は外国の輸出産業の収益性を表している。したがって、(1)は外国の輸出産業と比較した日本の輸出産業の収益性を示しているから、日本の輸出産業の国際競争力の指標と考えることができる。(1)は外貨建て円の名目為替レート(外国を米国

表8・1　日本の輸出産業の国際競争力

$$\text{日本の輸出産業の国際競争力} = \frac{\text{日本の円建て輸出財価格/日本の物価}}{\text{外国の外貨建て輸出財価格/外国の物価}} \quad (1)$$

日本の輸出産業の国際競争力

$$= \frac{\text{日本の円建て輸出財価格}}{\text{日本の物価}} \times \frac{\text{外国の物価}}{\text{外貨建て円の名目為替レート} \times \text{外国の円建て輸出財価格}} \quad (2)$$

日本の輸出産業の国際競争力

$$= \frac{\text{日本の円建て輸出財価格}}{\text{外国の円建て輸出財価格}} \times \frac{\text{外国の物価}}{\text{外貨建て円の名目為替レート} \times \text{日本の物価}} \quad (3)$$

日本の輸出産業の国際競争力

$$= \text{交易条件} \div \frac{\text{外貨建て円の名目為替レート} \times \text{日本の物価}}{\text{外国の物価}}$$

$$= \text{交易条件} \div \text{実質実効為替レート} \quad (4)$$

とすると、外貨建て円の為替レートとは、一円が何ドルに相当するかを示す値である）の概念を用いると、（2）のように書き換えられる。（2）を変形すると（3）が得られる。外国の輸出財は日本の輸入財であるから、（3）の日本の円建て輸出財価格を外国の円建て輸出財価格で除した値は、日本の円建て輸出財価格を日本の輸入財の円建て価格で除した値に等しい。この値を日本の**交易条件**という。この値が大きくなることは、日本は同じ輸出量でより多くの輸入財を輸入できるようになることを意味する。そこで、このとき、日本の交易条件は改善したという。逆に、この値が小さくなれば、日本の交易条件は悪化する。（3）は（4）のように書き換えられる。外貨建ての円の名目為替レートに日本の物価を掛けた値は、日本の外貨建ての物価を表すことに注意すると、（4）の「（外貨建て円の名目為替レート×日本の物価)／外国の物価」は、日本の物価と外国の物価の比率を表している。したがって、定義によって、この比率は日本の実質実効為替レートに他ならない。

結局、日本の輸出産業の国際競争力は「交易条件を円の実質実効為替レートで除した値」で表すことができる。したがって、日本の輸出産業の国際競争力は、

①円の実質実効為替レートを一定として、交易条件が改善(悪化)すれば上昇(低下)し、

②交易条件を一定として、円の実質為替レートが低下(上昇)すれば、上昇(低下)する。

図8・1は一九八〇年代以降の円の実質実効為替レートと交易条件の推移を示したものである。この図では、実質実効為替レートが大きくなるほど、実質的に円高になることを意味し、交易条件は大きくなるほど、日本経済にとって改善することを意味する。

この図によると、一九八五年九月のプラザ合意以降、円の実質実効為替レートは急上昇し、一九八七年には、プラザ合意当時の三七%高になっている。このような大幅な円高によって、日本の輸出産業の収益性は大幅に低下した。しかし、プラザ合意の直前の八五年七月から始まった景気後退は八六年一一月には終わり、以後、五一カ月にも及ぶバブル景気が実現した。浜田・岡田論文はこの大幅な円高にもかかわらず、バブル景気が実現したのは、プラザ合意と同時に「劇的な交易条件の改善」があったからである、と述べている(図8・1参照)。八七年の交易条件はプラザ合意当時よりも三七%改善している。この交易条件の改善はこの間の実質実

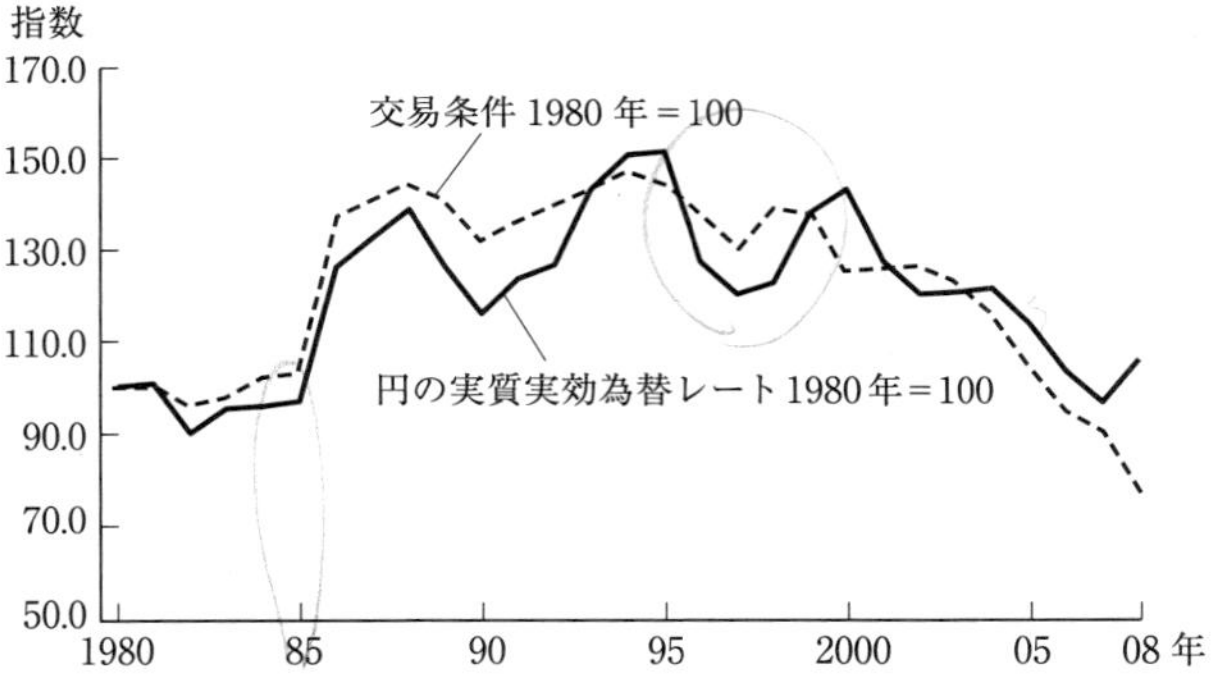

（資料）日本銀行ホームページ

図8・1　円の実質実効為替レートと交易条件の推移

効為替レートの三七％円高による輸出産業の収益性の低下を相殺する力があった。

このような劇的な交易条件の改善をもたらしたものは、原油価格の急落と原油と密接な代替関係のあるその他のエネルギー資源の価格の低下であった。

しかし、一九九〇年代初めから半ばにかけては、交易条件の改善に比べて、実質実効為替レートは大きく上昇した。さらに、九〇年代終わりから二〇〇〇年代初めにかけては、交易条件が悪化する一方で、実質実効為替レートは大きく上昇した。こうした経済環境は輸出産業の国際競争力の大幅な低下をもたらした。そのため、輸出産業は国内投資を控える一方で、賃金などの費用の安い国への直接投資を進めたのである。

浜田・岡田論文は、このような、交易条件の改善を伴わない、あるいは、交易条件が悪化する中での円高は、行き過ぎた国内空洞化などの不適切な国際分業をもたらす「過度の円高」であり、この「過度の円高」こそが一九九〇年代から二〇〇〇年代にかけて、日本経済を長期経済停滞に陥れた要因であるという。そして、「過度の円高」をもたらしたものは、デフレをもたらした金融政策であると結論している。なぜならば、デフレは日本の期待実質金利を外国のそれよりも高めることによって、円の外貨建て名目為替レートを高めるからである。表8・1の(4)から分かるように、円の外貨建て名目為替レートが上昇すれば、円の実質実効為替レートは上昇する。

以上の浜田・岡田論文は一九八五年のプラザ合意以降の日本の名目実効為替レートの変動が日本経済に及ぼした影響に対して新たな光を投げかけるものであり、今後の日本経済論に新たな視点をもたらすと予想される。

ユーロの誕生と最適通貨圏

一九九九年一月一日に単一通貨ユーロが誕生し、二〇〇二年にユーロ紙幣とユーロ硬貨が流通し始めた。

ヨーロッパのユーロ加盟国がユーロを単一の共通通貨として導入したのは、加盟国間で名目為替レートの絶対的安定を実現して、異なる国の間の取引における為替リスクを消滅させるとともに、為替手数料などの取引コストを削減することによって、加盟国内の投資や貿易などの経済的取引を促進しようとしたからである。

一方、ユーロ加盟国の金融政策の権限は、加盟国の中央銀行から加盟国全体の中央銀行である**欧州中央銀行**(European Central Bank, ＥＣＢ)に委譲された。これにより、加盟国の金融政策の独立性は失われた。つまり、ユーロ加盟国は第7章(二〇三頁)で説明した国際金融のトリレンマのうち、自由な国際資本移動と名目為替レートの安定を選択する代わりに、金融政策の独立性を放棄したのである。

第7章で述べたように、このように金融政策を放棄しても比較的問題がないケースは、加盟国間の経済構造に大きな違いがなく、域内の労働の移動が比較的容易である場合である。このような条件がそろっていれば、単一の共通通貨を導入して、加盟国間の経済取引を促進することは加盟国にとって有利である。そこで、このような条件を満たしている地域を**最適通貨圏**という。ユーロ加盟国は加盟国間の経済構造をできるだけ同一のものにするためにユーロに加盟するための条件として、財政赤字の対ＧＤＰ比やインフレ率の上限などを設定している。

したがって、各種の経済取引に関するルールに対して合意している欧州連合(European Union, ＥＵ)の加盟国でも、金融政策の独立性を確保しようとしているイギリス、スウェーデン、及びデンマークは二〇〇九年六月現在、ユーロを採用していない。

世界金融危機と国際金融

二〇〇八年九月に、全米四位の投資銀行リーマン・ブラザーズが破綻したのを契機に、世界は金融危機に襲われた。世界金融危機が起きた究極の原因は、アメリカのサブプライム・ローン問題である。**サブプライム・ローン**とは、信用度の低い人に貸し出される住宅ローンである。〇五年頃から、自動車産業の中心地であるミシガン州などで、サブプライム・ローンの元利金支払いの滞納率が上昇し始めた。これらの州で滞納率が上昇したのは、米国の自動車産業の不振により、雇用と所得が減少したため、サブプライム・ローンの元利金を払えない人が増えたためであった。しかしその後、サブプライム・ローンの滞納率の上昇は自動車産業の中心地に止まらず、全米に拡大した。そのため、〇六年末頃から、サブプライム・ローンの貸し手である住宅金融会社の倒産が目立ち始め、〇七年には同ローンを担保とする証券に値がつかなくなり、同証券市場はパニックに陥った。

このパニックが金融危機に発展した要因としては、①サブプライム・ローンは住宅価格の上昇を前提とする特殊な住宅ローンであったため、住宅価格が下落に転じたことにより、債務不履行率が急上昇した、②サブプライム・ローン関連証券(サブプライム・ローン担保証券やそれを組み込んだ債務担保証券)は複雑すぎて、それらの投資家にはその構造を理解できなかった、及び③サブプライム・ローン関連証券に投資した金融機関の**レバレッジ比率**（資産総額を自己資本で割った値）が高すぎたことの三つがあげられる。世界的に活動するヘッジ・ファンドのレバレッジ比率はリーマン・ブラザーズの破綻の直前には、六〇倍にも達していた。これは資金調達に占める自己資本（投資における元手）の割合が一・七％に過ぎず、残り九八・三％は借金であることを意味する。このようにレバレッジ比率が高くなると、いったん借り入れが困難になったときには、保有証券を投げ売りして、巨額の返済資金を作らなければならなくなる。この証券の投げ売りが、世界で最も安全な資産として信頼の厚い米国国債以外のすべての証券の価格暴落をもたらしたのである。

この米国発の金融危機が米国内に止まらず、世界に拡大して、世界金融危機に発展したのは、世界中の投資家、とくに、ヨーロッパの投資家（金融機関やヘッジ・ファンドなど）がサブプライム・ローン関連証券を大量に購入していたからであった。大量に購入したのは、金融緩和が続いて、金利が低かったことと、サブプライム・ローン関連証券の収益率が高い上に、格付機関がこれらの証券に高い格付を与えたからである。

米国やヨーロッパの金融機関はサブプライム・ローン関連証券をはじめとする証券価格の大幅な下落により、膨大な評価損を抱えて経営危機に陥った。そのため、これらの金融機関は資金調達難に陥り、企業や家計に対する信用供与を大幅に減らす（これを**信用収縮**という）しかなかった。

このようにして、世界中で、国内金融においても、国際金融においても、急激な信用収縮が起きた。国際金融における信用収縮は、外国資本(外資)への依存度の大きかった東欧や中欧諸国でとくに深刻であった。これらの国はサブプライム・ローン関連証券をほとんど買っていなかったにもかかわらず、信用収縮により甚大な損失を被ったのである。それは、これらの国に資金を貸したり、これらの国の株式に投資していた米国やヨーロッパの金融機関が、サブプライム・ローン関連証券の投資で大損失を被りリスクがとれなくなったため、これらの国への貸付をやめたり、これらの国の株式を売ったりして、資本を一斉に引き上げたからである。そのため、これらのサブプライム・ローン関連証券に投資しなかった国でも、金融機関や企業が厳しい資金調達難に陥り、株価も暴落したのである。

東欧・中欧諸国からの外資の引き上げにより、これらの国の通貨の対外価値は大幅に低下した。リーマン・ブラザーズが破綻する直前の二〇〇八年八月から〇九年二月までのハンガリー、ポーランド、チェコなどの通貨の対米ドル価値の下落率は、それぞれ、三一%、三八%、二四%に達した。

このような危機に陥った国際金融が正常化するためには、米国とヨーロッパの金融機関の経営が安定化することが不可欠である。米国とヨーロッパ諸国では銀行等に対する**資本注入**(政府による優先株などの買い上げによって自己資本比率を引き上げること)が実施された。それでも、二〇〇九年四月現在、米国とヨーロッパの金融システムは安定化していない。今後、一層の資本注入や政府による銀行の不良資産の買い取りなどを進める必要がある。

一方、国際通貨基金(IMF)は外資の大量の流失によって金融危機に陥った諸国に対しては、緊急融資で対応した。一九九七年から九八年にかけてのアジア通貨危機では、IMFは緊急融資の条件として、財政赤字の削減や構造改革などの条件(**コンディショナリティ**という)を課した。しかし、〇八年九月以降の世界金融危機に際しては、そうした条件を付けずに緊急融資を実施した。それは、金融危機が一部の地域ではなく、世界的であるため、条件を付けていたのでは、危機が深まるばかりだからである。

外資の引き上げに見舞われた国の通貨は対ドルに対しても対ユーロに対してもその価値は大きく下落したが、この下落はこれらの国が外貨建てで借りていたため、返済を著しく困難にする要因になった。そこで、非ユーロ通貨国であるリトアニアはユーロに参加して通貨価値の安定を図ろうとして、ユーロ参加基準を満たすために、増税によって財政赤字の対GDP比を引き下げようとした。しかし、不景気の中の増税に国民が反発し、激しい反対デモが発生した。

一方、非ユーロ通貨国であるデンマークは各国が低金利政策をとる中、通貨価値の暴落を防ごうとして高金利政策を採用し、かえって、景気の悪化を招いてしまった。

確かに、東欧や中欧諸国の通貨の暴落は外貨建て負債の返済を著しく困難にする。しかし、長期的にみると、通貨価値の下落はこれらの国の実質実効為替レートの低下をもたらすことによって、輸出を増やす一方で、輸入を減らし、経常収支の黒字化をもたらすと予想される。これはこれらの国の景気を回復させると共に、対外債務の返済資金である外貨準備の増加をもたらすであろう。実際に、アジア通貨危機に見舞われた国のうち、ドル・ペッグ制から変動為替相場制に移行したタイ、インドネシア、韓国などは、実質実効為替レートの大幅な低下によって、その後、経常収支が黒字化し、外貨準備は増加したのである。世界金融危機で為替レート(外貨建て)の急落に見舞われた韓国も、外貨準備が潤沢なため、アジア通貨危機当時と違って、〇九年六月現在までＩＭＦの緊急融資を受けていない。

結論

変動相場制の経験は、それを採用する以前に期待されたほどの成果は上げられず、不安定化投機も少なからず存在した。しかし、それでも固定相場制を続けた場合よりも、二度にわたる石油ショックをはじめとする大きな変動を乗り越える上で有効であったと考えられる。また、各国間のインフレ率の格差に基づく平価変更の圧力に絶えずさらされながら、無理矢理、固定相場制を守ろうとして国内均衡を犠牲にするよりもはるかにましであったし、変動相場制以後、準備通貨国の拡張的な金融政策が各国に拡大してインフレが波及するといったこともなくなり、主要国のインフレは六〇年代終わり頃よりも低い水準で推移してきた。さらに、経常収支の赤字を埋めるための外貨準備高の過不足を憂慮する必要もなくなった。

為替レートの安定化のためには、各国が財政赤字の対ＧＤＰ比を大幅に引き上げたり、過度のインフレ的あるいはデフレ的な金融政策を採用したりすることによって、自国のファンダメンタルズを悪化させることのないように努力することが重要である。逆に、かつてのＥＭＳ加盟国の例にみられるように、国内均衡を大きく犠牲にしてまでも、為替レートの変動を避けようとすれば、その国は為替投機にさらされて、かえって為替レートの変動を大きくしてしまう。

二〇〇八年九月以降の世界金融危機では、金融機関(ヘッジ・ファンドを含む)のレバレッジ比率があまりにも高くなったことがその危機を深刻なものにした。したがって、二度とこのような金融危機を引き起こさないようにするためには、大きすぎてつぶせないようなすべての金融機関(ヘッジ・ファンドを含む)のレバレッジ比率を規制することが必要である。

以上から、次のように結論できるであろう。

変動相場制は当初期待されたほどの成果を上げることができなかったとはいえ、現在のところ、考えられる国際通貨制度としては、最善のものであろう。変動相場制における為替相場の安定化のためには、マクロ経済の安定化を図る財政金融政策と金融システムの安定化を図る金融監督・監視政策の適切な組み合わせが不可欠である。金融システムの安定化対策としては、銀行だけでなく、主要なすべての金融機関に対するレバレッジ比率規制(レバレッジ比率の逆数は自己資本比率であるから、自己資本比率規制と言ってもよい)の導入が必要であると考える。

参考文献

本書では、国際金融を理解する上で、制度、理論、歴史の三つの側面をできるだけバランスをとって説明してきたが、ここで、本書を読み終えた読者が国際金融の理解をさらに深めるため参考になると思われる文献をいくつかあげておこう。

1　制度・仕組みに関するもの

（1）東京銀行調査部編『外国為替の知識』日本経済新聞社
（2）東京銀行為替資金部編『外為市場の知識』日本経済新聞社
（3）大蔵省国際金融局編『図説国際金融』財経詳報社

2　理論・政策・歴史に関するもの

（4）リチャード E・ケイブス、ジェフリー A・フランケル、ロナルド W・ジョーンズ、伊藤隆敏監訳、田中勇人訳『国際経済学入門 II 国際マクロ経済学編』日本経済新聞出版社
（5）藤井英次『コア・テキスト 国際金融論』新世社
（6）小宮隆太郎、須田美矢子『現代国際金融論』〔理論編〕〔歴史・政策編〕日本経済新聞出

版社

(7) 岩田規久男『金融危機の経済学』東洋経済新報社

(8) 岩田規久男『世界同時不況』ちくま新書

(4)は、アメリカの大学・大学院で広く使用されている、評価の高い理論と政策についてバランスのとれた著書。ただし、一部、数学が用いられており、数学の苦手な読者はその部分を飛ばして読まれることをお勧めする。(5)も(4)と同程度の水準の著書であるが、(4)よりもコンパクトな入門書。(6)は、理論編と歴史・政策編に分かれている。理論編は国際金融のミクロ経済学が詳細に展開されており、理解にはミクロ経済学の基礎知識が必要。歴史・政策編は一九七三年の変動相場移行後の歴史・政策を、理論編を応用することによって論じている。二冊で八〇〇頁弱の大著であるが、興味のある箇所を適宜読みながら、時間をかけてゆっくり読み通せば、収穫も大きいであろう。(7)は二〇〇八年九月に起きた世界金融危機(国内金融と国際金融の危機)の発生原因とその対策を、(8)は世界金融危機(一九三〇年代と二〇〇八年九月の世界金融危機)を原因とする世界同時不況のメカニズムとその克服策を、それぞれ分析している。

最後に、本書の第8章で引用した著書を示しておく。

岩田規久男『金融入門 新版』岩波新書

ま 行

や 行

ら 行

わ 行

な 行

は 行

た 行

さ 行

索　引

岩田規久男

1942年 東京生まれ
1966年 東京大学経済学部卒業
上智大学経済学部教授を経て，現在，学習院大学経済学部教授
著書—『金融入門 新版』(岩波新書)
『経済学を学ぶ』
『マクロ経済学を学ぶ』
『世界同時不況』(以上，ちくま新書)
『景気ってなんだろう』(ちくまプリマー新書)
『デフレの経済学』
『金融危機の経済学』(以上，東洋経済新報社)
『昭和恐慌の研究』(編著．東洋経済新報社．第47回日経・経済図書文化賞受賞)
『経済学への招待』(新世社) ほか多数

国際金融入門 新版　　岩波新書(新赤版)1196

2009年7月22日　第1刷発行

著　者　岩田規久男《いわたきくお》

発行者　山口昭男

発行所　株式会社 岩波書店
〒101-8002 東京都千代田区一ツ橋2-5-5
案内 03-5210-4000　販売部 03-5210-4111
http://www.iwanami.co.jp/

新書編集部 03-5210-4054
http://www.iwanamishinsho.com/

印刷・理想社　カバー・半七印刷　製本・中永製本

ISBN 978-4-00-431196-6　　Printed in Japan

②2014.9.12

岩波新書新赤版一〇〇〇点に際して

ひとつの時代が終わったと言われて久しい。だが、その先にいかなる時代を展望するのか、私たちはその輪郭すら描きえていない。二〇世紀から持ち越した課題の多くは、未だ解決の緒を見つけることのできないままであり、二一世紀が新たに招きよせた問題も少なくない。グローバル資本主義の浸透、憎悪の連鎖、暴力の応酬——世界は混沌として深い不安の只中にある。

現代社会においては変化が常態となり、速さと新しさに絶対的な価値が与えられた。消費社会の深化と情報技術の革命は、種々の境界を無くし、人々の生活やコミュニケーションの様式を根底から変容させてきた。ライフスタイルは多様化し、一面では個人の生き方をそれぞれが選びとる時代が始まっている。同時に、新たな格差が生まれ、様々な次元での亀裂や分断が深まっている。社会や歴史に対する意識が揺らぎ、普遍的な理念に対する根本的な懐疑や、現実を変えることへの無力感がひそかに根を張りつつある。そして生きることに誰もが困難を覚える時代が到来している。

しかし、日常生活のそれぞれの場で、自由と民主主義を獲得し実践することを通じて、私たち自身がそうした閉塞を乗り超え、希望の時代の幕開けを告げてゆくことは不可能ではあるまい。そのために、いま求められていること——それは、個と個の間で開かれた対話を積み重ねながら、人間らしく生きることの条件について一人ひとりが粘り強く思考することではないか。その営みの糧となるものが、教養に外ならないと私たちは考える。歴史とは何か、よく生きるとはいかなることか、世界そして人間はどこへ向かうべきなのか——こうした根源的な問いとの格闘が、文化と知の厚みを作り出し、個人と社会を支える基盤としての教養となった。まさにそのような教養への道案内こそ、岩波新書が創刊以来、追求してきたことである。

岩波新書は、日中戦争下の一九三八年一一月に赤版として創刊された。創刊の辞は、道義の精神に則らない日本の行動を憂慮し、批判的精神と良心的行動の欠如を戒めつつ、現代人の現代的教養を刊行の目的とする、と謳っている。以後、青版、黄版、新赤版と装いを改めながら、合計二五〇〇点余りを世に問うてきた。そして、いままた新赤版が一〇〇〇点を迎えたのを機に、人間の理性と良心への信頼を再確認し、それに裏打ちされた文化を培っていく決意を込めて、新しい装丁のもとに再出発したいと思う。一冊一冊から吹き出す新風が一人でも多くの読者の許に届くこと、そして希望ある時代への想像力を豊かにかき立てることを切に願う。

（二〇〇六年四月）